David M. Reymann

Edelmetall Handbuch

David M. Reymann

Edelmetall Handbuch

Ihre praktische Vermögensanlage in
Goldbarren, Silbermünzen und Platinmetallen

FinanzBuch Verlag

Bibliografische Information der Deutschen Nationalbibliothek
Die Deutsche Nationalbibliothek verzeichnet diese Publikation in der Deutschen Nationalbibliografie;
detaillierte bibliografische Daten sind im Internet über **http://d-nb.de** abrufbar.

Für Fragen und Anregungen:

reymann@finanzbuchverlag.de

1. Auflage 2011

© 2011 David M. Reymann

FinanzBuch Verlag GmbH
Nymphenburger Straße 86
D-80636 München
Tel.: 089 651285-0
Fax: 089 652096

Lektorat: Natascha Lenz-Trautmann
Satz: Manfred Zech, HJR, Landberg am Lech
Korrektorat: Sigrid Graf
Umschlagabbildung: Gerhard Blank, München
Druck: Konrad Triltsch, Ochsenfurt

ISBN 978-3-89879-640-8

┌ *Weitere Infos zum Thema* ─────────────────

www.finanzbuchverlag.de
Gerne übersenden wir Ihnen unser aktuelles Verlagsprogramm

Gewidmet, wem alltäglich Trinken,
Essen und Gesundheit vordergründig –
die Sicherung von Vermögen daher wichtig.

INHALTSVERZEICHNIS

VORWORT

Das Interesse an physischen, echten Edelmetallen ist offenbar immer noch gegeben. Ihr Griff zu dieser Lektüre unterstreicht dies. Frei nach dem Motto »Totgesagte leben länger« gibt es immer noch einen blühenden Markt für physische Edelmetalle in Form von kompakten Barren und schönen Anlagemünzen. Edelmetalle eignen sich wie eh und je – im Moment sogar vielleicht besonders gut – zur Diversifikation und zur Sicherung des Vermögens.

Der Preis von Gold verhält sich spiegelverkehrt zur wirtschaftlichen Lage. Ein hoher Preis zeigt den Vertrauensentzug in entfremdete Politiker sowie in das aktuelle Papiergeldsystem. Im Positiven ausgedrückt ist er ein Glaubensbekenntnis an die unverrückbaren Eigenschaften von Gold und Silber.

Der unmittelbare physische Besitz von Gold und Silber hat sich in extrem angespannten konjunkturellen Lagen immer wieder als außerordentlich vorteilhaft erwiesen. Selbstverständlich sollten solche Wirtschaftskrisen nicht herbeigesehnt werden. Sie jedoch auszublenden wäre töricht.

Goldbarren im Keller stapeln – dies galt lange Zeit im Vergleich zu modernen Finanzprodukten als staubig und überholt. Es schien nicht nur »uncool« und unprofitabel, sondern nahezu auch anrüchig. Darum fanden sich Befürworter der Vermögensanlage in physischem Edelmetall oft auf verlassenem Posten. Doch seit 2008 hat sich der Wind gedreht.

Die negative Meinung gegenüber privatem Edelmetallbesitz verschwindet in Mitteleuropa zusehends. Immer mehr Menschen schwenken um und Altbewährtes wird neu entdeckt. Die Währungshistorie von 1920 bis 1948 in Deutschland ist Einzelnen noch in lebendiger Erinnerung. Hyperinflation oder Depression haben sich tief im Bewusstsein festgesetzt. Beide sind dabei nur zwei Bezeichnungen für wirtschaftliche Entwicklungen, deren konkrete Effekte die Eigentümer von Papiergeld hart treffen und die Besitzer von Goldgeld auf der Sonnenseite des Lebens halten. Die Erkenntnis, dass Papiergeld nicht krisenfest ist, war damals entscheidend für das finanzielle Wohlergehen des Einzelnen, und es sensibilisiert manchen auch noch nach Jahrzehnten der Ruhe. Zu Recht.

Dieses Handbuch möchte Ihnen Ratgeber für die entscheidenden Fragen zum Thema Edelmetall sein. Ihr Blick auf Barren und Münzen wird sich dadurch schärfen. Es ist eine Art Kochbuch mit Rezepten, wie Sie Ihre Kaufkraft in Edelmetallen konzentrieren und konservieren, und dient zugleich als Nachschlagewerk. Es soll Ihnen helfen bei der Planung Ihres Weges raus aus den in Auflösung befindlichen Währungssystemen. Es unterstützt Sie dabei, ein glücklicher und zufriedener Eigentümer und – wenn gewünscht – auch Besitzer von echtem Gold und Silber zu werden.

KURZBEGRÜNDUNG IHRER EIGENEN EDELMETALLRESERVE

In diesem Buch finden Sie praktische Hinweise für Ihre Investition in klassische Edelmetalle, weniger die Begründung, warum dies sinnvoll ist. Viele Bücher über die positiven finanziellen Eigenschaften von Edelmetallen sind bereits veröffentlicht worden. Bücher, gegen die anzutreten müßig ist und auf die zu verweisen ich mir erlaube.

Auf einige sehr gelungene Standardpublikationen mit umfassenden Ausführungen zur Edelmetallanlage wird am Ende dieses Buches hingewiesen. Ein knapper Anriss zur Begründung der eigenen Edelmetallreserve ist jedoch an dieser Stelle sinnvoll.

Gemeines »legales Falschgeld«,[1] wie Euro, Dollar, Pfund und Schweizer Franken (englisch Fiat Money), ist in hohem Maße billig. Seine Vermehrung ist relativ simpel, nahezu kostenneutral und vor allem in unbegrenztem Umfang möglich. Bei physischen Edelmetallen ist eine Vermehrung um ein Vielfaches aufwändiger, kostspieliger, und die Vorkommen sind zudem in ihrer Gesamtheit sicher endlich. Allein diese Unterschiede machen Edelmetalle zu einem knappen und stets begehrten Gut. Denn wenn das eine im Handumdrehen und das andere nur unter Schwierigkeiten in die Welt kommt, so handelt es sich um einen größeren Unterschied als den zwischen Äpfeln und Birnen.

Edelmetalle können ihren Wert von der Arbeit, Energie und Zeit ableiten, die zu ihrer Förderung notwendig sind. Bei gemeinem Geld,

---

[1] vgl. Reinhard Deutsch *Das Silber Komplott*

wie wir es heute unter diversen Währungsnamen kennen und täglich verwenden, wird bei der Entstehung nahezu überhaupt nicht gearbeitet. Der intrinsische Wert ist ein Versprechen, und dies kann im Zweifel schlicht wertlos werden.

Zwar haben Zentralbanken vieler Länder heute noch eine gewisse Goldreserve, diese ist jedoch nicht zur Deckung der jeweiligen Währung bestimmt, sondern befindet sich gewissermaßen außerhalb der Konkursmasse des gemeinen Geldes. Die Annahme, der Euro oder US-Dollar hätte eine direkte Golddeckung oder Bindung, ist schlicht falsch. Viele Zentralbanken verleihen[2] ihr Gold. Sie liefern es über sogenannte Bullion-Banken physisch in den Markt und hoffen fortan, es irgendwann einmal zurückzubekommen. Es ist aus diesem Grunde unklar, wie viel physisches Gold tatsächlich noch im Besitz der Zentralbanken ist. Ein ungewisser Anteil ist nur noch Forderung und damit Hoffnung auf physisches Gold. Bemerkenswerterweise ist die Zusammenfassung von tatsächlich vorhandenem Gold und von bloßen Goldforderungen in einer Zeile der Vermögensbilanz der Zentralbanken geduldet. Zu mehr Transparenz und Vertrauenswürdigkeit trägt diese Sonderform der Bilanzierung dieser Institute kaum bei, wohl aber zur Kurzbegründung einer eigenen Edelmetallreserve.

Im sagenhaften Fort Knox der USA gab es seit mehr als 50 Jahren keine Inventur von unabhängiger Seite. Zweifel an der Vollständigkeit sind nahe liegend und mehrfach von der Wirtschaftspresse aufgenommen worden. So haben neben der *Times*[3] auch der Nachrichtensender N-tv[4] und die Welt[5] von der Ermittlungsinitiative des amerikanischen Senators Ron Paul berichtet. Auch um die deutsche Goldreserve ranken sich diverse Legenden.

---

2   Abgabe an andere Banken gegen Gebühr
3   Times 28.03.2009 http://www.timesonline.co.uk/tol/news/world/us_and_americas/article5989271.ece
4   N-tv 31.08.2010 http://www.n-tv.de/wirtschaft/Texaner-will-Fort-Knox-oeffnen-article1386536.htm
5   Welt 31.08.2010 http://www.welt.de/finanzen/article9312032/Haben-die-USA-ueberhaupt-noch-Gold-in-Fort-Knox.html

Da die nationale deutsche Goldreserve der Deutschen Bundesbank zugeordnet ist und weder die Volksvertreter der Politik noch der Euro mittels Europäischer Zentralbank (EZB) direkten Zugriff darauf haben, ist die Eigentumszuordnung problematisch. Es ist auch offen, ob lagerungsbedingt überhaupt darauf zugegriffen werden kann, ja nicht einmal, wie viel der Reserve physisch und damit tatsächlich noch vorhanden ist. Eine gedankliche Abschreibung dieses ehemals so beruhigenden Ergebnisses der deutschen Wirtschaftswunderzeit ist daher zu einem gewissen Teil realistisch.

Um nun im Hinblick auf den eigenen Ruhestand oder aus anderen Überlegungen heraus vorzusorgen, bedarf es nicht nur persönlicher Anstrengungen, sondern auch beherzter Initiative. Der Griff zu diesem Buch ist ein solcher Schritt. Da unser Geld von Natur aus schwach ist und mit den nationalen Goldreserven nur bedingt gerechnet werden darf, lässt sich in Euro nicht sparen – die Eigeneinlagerung physischer Edelmetalle bietet sich sehr an. Der Aufbau Ihrer privaten Gold- oder Silberreserve auch im Sinne Ihrer Familie will gut überlegt sein, denn es geht um Ihre Zukunft, Ihre Möglichkeiten und Ihre Sicherheit. Wie können Sie mit Ihren persönlichen Bedingungen möglichst viel Vermögenssicherheit erlangen? Es geht um ein wesentliches Element Ihrer wirtschaftlichen Zukunft.

Gold und Silber sind alte und bewährte Mittel zur Kaufkraftbewahrung und für den Tauschhandel. Dies ist seit vielen tausend Jahren so und wird sich wohl auch nicht ändern. Menschen in Notzeiten konnten Edelmetalle zwar nicht essen, sie jedoch für dringend benötigte Dinge wie Fahrkarten und Nahrung eintauschen. Auf diese Weise haben Edelmetalle etliche Leben gerettet. Doch auch wenn Sie nach dem Neustart einer Währung dank Ihres Edelmetallbesitzes nicht bei Null starten müssten, hätte sich ein Engagement in diesem Bereich gelohnt.

Einen ganz besonderen Reiz und alle Möglichkeiten haben Gold und seine Schwestermetalle dann, wenn sie physisch vorhanden sind und Sie direkt darauf zugreifen können.

Vorteile von Edelmetallen im Überblick:

> international bekannte Liquidität
> vielseitig interessante Anonymität
> geschichtlich belegte Wertstabilität
> zukünftig mögliche Rentabilität

Silber und Gold werden immer eine Zukunft haben. Sie gehen nie Pleite, sind unbestechlich und dienen in vollem Umfang dem, der sie besitzt. Möchten Sie Edelmetalle besitzen?

WAHL DER RICHTIGEN FORM

Unterschiedliche Formen von Edelmetall klar zu benennen und gegeneinander abzugrenzen ist eine der Voraussetzungen für eine fundierte Investitionsentscheidung. Im Folgenden werden die wesentlichen Formen der Investitionsmöglichkeiten aus dem weiten Umfeld der Edelmetalle kurz angeschnitten. Der Fokus wird dabei später auf der physischen Edelmetallanlage liegen.

Physische Edelmetalle indirekt

Mittelbar bedeutet nicht direkt, sondern über einen Zwischenschritt. So gibt es Aktien, Fonds, Zertifikate, Optionen und andere Formen von Edelmetallinvestments, bei denen eine physische, also tatsächliche Existenz des Metalls zunächst abstrakt bleibt. Allen mittelbaren Edelmetallformen ist gemein, dass sie kein Edelmetall sind. Die Risiken sind mitunter deutlich größer als bei physischem Edelmetall. So ist insbesondere das Adressrisiko[6], auch Emittentenrisiko genannt, zu berücksichtigen. Kommt das Institut, von dem das Papiergold stammt, in wirtschaftliche Not, so sind die Investoren mit ihrem Vermögen unmittelbar beteiligt.

Der abstrakte Besitz von Edelmetall hat natürlich auch Vorteile. Papiermetalle sind in der Regel einfacher handelbar und haben ein geringeres Agio. Viele von ihnen bieten über Hebeleffekte die Möglichkeit einer größeren Performance, verglichen mit rein physischem Edelmetall.

---

[6] Vlg. Turk, James 20.03.2008 online

Für die Mehrheit der Anleger dürften aber diese Vorteile von Papiergold weniger wiegen als der echte Besitz von Edelmetall. Dies gilt umso mehr, als die Beschaffung, Lagerung und Veräußerung von Barren und Münzen weitaus weniger umständlich ist, als es die Anbieter von Papiergold oft glauben machen wollen. Genauere Ausführungen dazu finden sich in den entsprechenden Kapiteln dieses Buches[7]. Auf die mittelbaren Anlagemöglichkeiten im Bereich der Edelmetalle, auf ihre Nach- und Vorteile, wird dennoch hier kurz eingegangen.

Aktien

Mit dem Kauf von Aktien kann sich der Anleger an Firmen beteiligen, die Edelmetalle suchen, erschließen und/oder abbauen.

In all diesen Bereichen gibt es ein breites Spektrum von zumeist sehr hoffnungsvollen Juniorunternehmen über kleinere etablierte Firmen bis hin zu den großen klassischen Schwergewichten im Edelmetallbereich. Sowohl das Risiko als auch die Gewinnchancen verringern sich mit zunehmender Betriebsgröße.

Gänzlich auszuschließen sind gewisse Restrisiken jedoch in keinem Fall. Ein politisches Risiko besteht in der Region, in der gesucht und gefördert wird oder werden soll. Dies kann von dem Management eines Unternehmens nur wenig oder überhaupt nicht beeinflusst werden.

Die Förderung von Gold wie auch Silber wird in US-Dollar abgerechnet. Die primären produktionsbedingten Ausgaben wie Löhne, Material und Energie sind dagegen in der jeweiligen Landeswährung zu zahlen. Der Kurs der Währung des Förderlandes gegenüber

---

[7] Ab »Physische Edelmetalle unmittelbar«

der Handelswährung US-Dollar ist somit eine weitere, nicht beeinflussbare Größe. Steigt beispielsweise der Wert des südafrikanischen Rands im Vergleich zum US-Dollar, so verteuert sich die Produktion in Südafrika rein währungsbedingt und der Gewinn eines dort engagierten Unternehmens sinkt. Das Währungsrisiko hat eine direkte Auswirkung auf Aktienkurs und Dividende.

Weiter besteht ein Umweltrisiko, denn Minen können durch Regenfälle und Grundwassereinbruch geflutet oder durch Erdbeben zerstört werden.

Es gibt also neben dem Risiko des Managementversagens einige weitere relevante Risiken. Gepaart mit der Chance auf enorme Wertzuwächse – Edelmetallminen hebeln erfahrungsgemäß die Kursentwicklung der jeweiligen Edelmetalle –, ist die Anlageform Aktien für risikofreudige Anleger geeignet.

Fonds

Wie in anderen Investmentbereichen werden auch Aktienfonds mit dem Fokus auf Edelmetalle angeboten. Hier überlässt der Anleger die Auswahl und die wertmäßige Zusammensetzung der Aktien gegen Gebühr einem Fondsmanagement.

Es gibt goldminenorientierte Fonds wie »PEH-Q-Goldmines«; speziell auf Silberminen ausgerichtete Fonds hat der Markt bisher nicht zu bieten. Fonds im Weißmetallbereich sind immer gemischt mit Silber, Platin und Palladium und selbst dabei zumeist nicht ohne Beimischung von weiteren Metallen. Allgemeine Edelmetall-Aktienfonds finden sich zumeist mit Schwerpunkt auf Gold, Beispiele sind: »Craton Capital Precious Metal-Fonds« oder das Schwergewicht »Blackrock World Gold«.

Zudem gibt es einen Investmentfonds mit Edelmetall- sowie Roh-stoffausrichtung mit Trendwechselfähigkeit, der auch einen gewissen Anteil physische Goldanlage beinhaltet, der »pro aurum Value-Flex«. Gelingt es seinem Fondsmanagement, den Trendwechsel wie in der Vergangenheit richtig zu deuten, so ist der Anleger bei dieser Art fondsseitiger Vermögensverwaltung finanziell gut aufgehoben. Auch ein in ferner Zukunft abflachender Gesamtmarkt Edelmetall kann dann diesen Fondseigner unberührt lassen – denn er hat den Anlagefokus ja bereits wieder auf den neuen Trend gewechselt.

Beachten Sie bei Fonds die klassischen Vorteile:

➤ Streuung auf mehrere Positionen wie beispielsweise Minengesellschaften verringert das Einzelwertrisiko
➤ Management durch eine professionelle Person oder ein Team kann die Auswahl der besten Werte bedeuten

Beachten Sie bei Fonds die Kosten und ihre jeweilige Höhe:

➤ Ausgabeaufschlag
➤ Gewinnbeteiligung des Managements
➤ Verwaltungskosten

Zertifikate

In den Medien werden oftmals sogenannte Zertifikate als hervorragend angepriesen. Dass diese so oft und so breit angeboten werden, hat verschiedene Gründe. Zum einen liegt dies daran, dass Banken damit relativ einfach Geld verdienen können. Zum anderen liegt es daran, dass Zertifikate nahezu beliebig vermehrbar sind. Sie haben insofern eine Gemeinsamkeit mit den kursierenden Papierwährungen wie Euro oder US-Dollar, die mangels jeglicher realer Deckung bisweilen als legales Falschgeld bezeichnet werden.

Zudem weisen Zertifikate gegenüber physischem Edelmetall tatsächlich einige Vorteile auf. Diese Vorteile müssen jedoch genauer betrachtet werden. Zertifikate sind einfach handelbar, das Agio von Gold in dieser Papierform ist hier besonders gering und für die Lagerung werden wenig oder keine Kosten erhoben – es gibt jedoch auch kein physisches Gold, das gelagert werden muss und ausgeliefert werden könnte. Daher ist und bleibt ein Zertifikat Papiergold. Hierin liegt der wesentliche Unterschied zwischen Zertifikat- und physischem Goldbesitz. Die Bezeichnung Goldzertifikat lässt – solange wie der Emittent, also die herausgebende Stelle, wirtschaftlich solide aufgestellt ist – eine dicht am Goldpreis angesiedelte Spekulation zu. Die Bezeichnung Goldzertifikat macht aus einem Stück Papier jedoch keine Münze und keinen Barren und stellt in vielen Fällen noch nicht mal ein konkretes Anrecht auf echtes Gold dar.

Xetra-Gold ist eine durch physisches Gold größtenteils abgesicherte Schuldverschreibung. Der Vorteil ist, dass sich über Xetra-Gold günstig Gold in Grammeinheiten handeln lässt. Allerdings ist die Auslieferung aufwändig und die Frage der Abgeltungssteuer bleibt ungeklärt. Hier ist das letzte Wort noch nicht gesprochen. Es schaut jedoch danach aus, dass Abgeltungssteuer auf Nominalgewinne fällig werden könnte, denn Xetra-Gold ist eine Inhaberschuldverschreibung[8] und kein Lagerschein eines Goldhauses. Xetra-Gold ist demnach mehr ein gemeiner ETC als ein richtiges Goldlager.[9]

Sonstige

In Deutschland gibt es einige Einkaufs- und Lagergemeinschaften für Edelmetalle. Mit dem wachsenden Interesse an Edelmetallen geht eine Gründungswelle in diesem Bereich einher. Die Überlegung hin-

---

[8]   Eine Schuldverschreibung ist im Insolvenzfall Teil der Konkursmasse
[9]   Im Insolvenzfall der Bank fällt der Edelmetallbestand der Konkursmasse zu

ter diesen Unternehmen ist zumeist, durch Zusammenlegung von Bestellungen und gemeinsame Lagerung Kostenvorteile für den Einzelnen zu erzielen. Zudem wird oft ein kompletter Abwicklungsservice geboten. Dadurch, dass die Gesellschafter nicht in direkten Besitz von Edelmetallen gelangen, sondern etwa Unternehmensanteile halten und darüber Eigentum an den Metallen erlangen, ergeben sich bisweilen zudem Steuervorteile. So muss die auf Silber, Platin und Palladium fällige Mehrwertsteuer nicht oder nicht sofort bezahlt werden. Dementsprechend kann zunächst ein größerer Gewichtsanteil Edelmetall mit identischer Investitionssumme erworben werden.

Bekannte Einkaufs- und Lagerorganisationen sind zum Beispiel die L'or, vormals Tochter der Popp AG und die Gold & Silber Einkaufsgemeinschaft GbR. Obwohl alle im Wesentlichen das gleiche Ziel verfolgen, sind die Konzepte doch verschieden.

Sitz der Gold & Silber Einkaufsgemeinschaft GbR ist in Deutschland; sie lagert ihre Barren aus Gold, Silber, Platin und Palladium jedoch in einem Zentrallager in der Schweiz – die Weißmetalle Silber, Platin und Palladium werden dabei mehrwertsteuerneutral gelagert.

Die L'or bzw. Popp AG hat ihren Sitz ebenfalls in Deutschland. Allerdings besitzt L'or im niedersächsischen Nienburg ein eigenes Lagerhaus. Edelmetallkäufe werden als geschlossener Fonds an Zeichner weitergegeben. Gold, Silber, Platin und Palladium sind möglich.

Neben diesen Gemeinschaften mit dem Ziel des kostengünstigen Einkaufs gibt es Einkaufsgemeinschaften mit angeschlossenem Lager und zusätzlich einem ausgefeilten Lagerbuchungssystem. Drei seien hier vorgestellt:

Die GoldMoney, eingetragene Marke der Net Transaction Limited mit Sitz in Jersey, einer der britischen Kanalinseln. Auch die Datenbank-Server befinden sich dort. Edelmetallbestände der Kunden

werden nach Informationen des Unternehmens eins zu eins einge-
lagert; neben Gold ist auch Silber und Platin möglich. Konten bei
GoldMoney nennen sich »Holding«. In Sachen Alltagstauglichkeit
ist GoldMoney weltweit führend und direkt einsetzbar etwa als Kreditkarte mit Goldholdingbezug. Für die Eröffnung einer Holding ist
eine persönliche Identifizierung wie bei einer Kontoeröffnung erforderlich, womit Geldwäsche effizient vorgebeugt werden soll.

GoldMoney, eingetragene Marke von Net Transactions Limited, hat
seinen Sitz sowie die Datenbank-Server in Jersey, einer der brititi-
schen Kanalinseln. Die in den Tresoren gelagerten Edelmetalle sind
Eigentum der Kunden und sind zu 100 Prozent physisch vorhanden.
Neben Gold kann auch Silber, Platin und seit kurzem auch Palladium
gekauft und gelagert werden. In Sachen Zahlungsmittel-Alltagstaug-
lichkeit ist GoldMoney weltweit führend. Kundenkonten werden als
»Holdings« bezeichnet. Für die Eröffnung einer Holding ist eine persönliche Identifizierung wie bei der Eröffnung eines Bankkontos erforderlich, womit Geldwäsche effizient vorgebeugt werden soll.

BullionVault der Galmarley Limited residiert in London, lagert jedoch ganz nach Kundenwunsch neben London auch in New York
oder in Zürich, jeweils in Lagerhäusern der schweizerischen Sicher-
heitsfirma ViaMat. Handelbar sind die Edelmetalle Gold und Silber.
Das Selbstverständnis von BullionVault ist weniger ein Zahlungs- als
ein Lagersystem. So punktet BullionVault gegenüber den Mitbewer-
bern mit günstigeren Einlagerungskonditionen. Der Nachteil nur einer möglichen Kontoverbindung für Ausschüttungen kann auch als
Sicherheitsvorteil gesehen werden, denn auf andere Konten als das
Referenzkonto können keine Werte transferiert werden.

Eine weitere Möglichkeit ist das Zollfreilager ohne Steuer auf Weißmetalle und Edelmetalldepot der Firma pro aurum. Hier haben Sie
die Wahl zwischen zwei bewährten zentralen Einlagerungsarten: entweder im Inland im Goldhaus der Firma oder aus Steuergründen

und aufgrund der politischen Risikostreuung in Zürich. Auf Wunsch wird Ihr Edelmetall zur Abholung bereitgelegt oder zugestellt. Die Möglichkeiten von direktem physischen Ein- und Verkauf an Ort und Stelle ist hier ebenfalls attraktiv.

Nicht erwähnt werden an dieser Stelle Strukturvertriebe. Diese haben bisweilen auch das Thema Edelmetall entdeckt. Für den Anleger ist dies jedoch bedingt durch die Kette der Mitverdienenden und durch die Verschachtelung der Verträge zumeist unattraktiv.

Physische Edelmetalle direkt

Halten Sie Ihre Münze oder Ihren Barren aus Gold oder Silber in Händen, so ist dies unmittelbarer physischer Edelmetallbesitz. Sie sind nicht angewiesen auf Auslieferung oder Rückzahlung von irgendjemandem, müssen sich nicht an Öffnungszeiten einer Schalter- oder Lagerhalle orientieren, nicht darauf hoffen, dass eine andere Partei ihr Versprechen auf Rückgabe einhält. Sie können direkt tun und lassen, was Ihnen gefällt, und Ihre Werte mitnehmen oder übertragen, wohin und an wen es Ihnen beliebt. Dass Sie Edelmetall haben, wohin Sie es verbringen und wem Sie es geben, das wissen dann nur Sie und gegebenenfalls ausgewählte Personen, die es von Ihnen direkt erfahren. Bei allen mittelbaren Edelmetallen, sogenannten Papiermetallen, ist dies anders. Ihnen zum Teil unbekannte Personen und Institutionen wissen Bescheid, und dies ist unvermeidbar.

Betrachten wir also, welche Arten unterschiedlicher Edelmetalle es gibt, welche Stückelungen bekannt und bewährt sind, wo Sie Edelmetalle erwerben können, wie Sie Edelmetalle selber auf Echtheit prüfen können und welche Art der Lagerung wann zweckmäßig ist. Die eigentliche Edelmetallreserve fängt erst mit dem unmittelbaren Eigentum und tatsächlichen Besitz an.

Wahl des richtigen Edelmetalls

Das zweifellos richtige Edelmetall, das alle Bedürfnisse zugleich befriedigt und für jeden Fall die optimale Lösung ist, findet sich nie. Zu unterschiedlich sind die Eigenschaften der Edelmetalle und die Hoffnungen, die Anleger darauf setzen. Zwischen den vier wichtigsten Edelmetallen Gold, Silber, Palladium und Platin gibt es deutliche Unterschiede. Jedes hat seine eigenen Vorteile. Bereits an den unterschiedlichen spezifischen Gewichten und den wechselnden Wertrelationen lassen sich unschwer erste Unterschiede erkennen.

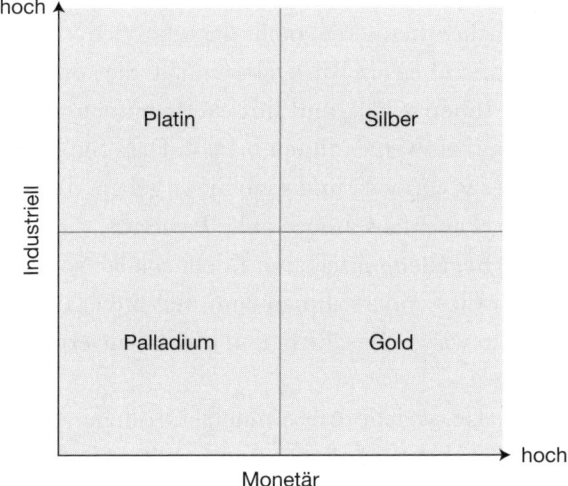

In diesem Buch werden Gold und Silber als Geldmetalle mit jeweils eigener monetärer, das heißt finanzieller Vergangenheit zusammengefasst und gemeinsam näher behandelt. Diese spezielle Betrachtung

Wahl des richtigen Edelmetalls

	Gold	Silber	Platin	Palladium
Chemische Bezeichnung	Au	Ag	Pt	Pd
Ordnungszahl	79	47	78	46
Masseanteil an der Erdhülle in ppm	0,005	0,12	0,005	0,011
Dichte bei 20° C g/cm^3	19,32	10,49	21,45	11,99
Mohshärte	2,5 - 3	2,5 - 3	3,5	4,8
Schmelzpunkt in °C	1064,2	961,8	1768,3	1554,9
Siedepunkt in °C	2856	2162	3825	2963
Elektrische Leitfähigkeit in A/(V*m)	$45,5*10^6$	$61,4*10^6$	$9,4*10^6$	$9,3*10^6$
Wärmeleitfähigkeit W/(m*K)	320	430	72	72
Barrenbesteuerung D, AT, CH in %	0, 0, 0	19, 20, 8	19, 20, 8	19, 20, 8
Münzbesteuerung D, AT, CH in %	0, 0, 0	7, 20, 8	19, 20, 8	19, 20, 8

losgelöst von den anderen Edelmetallen ist geschichtlich bedingt und hat bis heute Berechtigung. In Zukunft wird sie auch wieder mehr Bedeutung erlangen, weil Silber und Gold eine so hervorragende Eignung für den Einsatz als Zahlungsmittel, als Geld besitzen.

Die beiden Platinmetalle, Palladium und Platin, sind Industriemetalle. Beiden wird bei der allgemeinen Vermögenssicherung zukünftig eine eher untergeordnete Rolle zukommen, auch wenn sie bei einer breit gefächerten Investition durchaus von Bedeutung sind. Es gibt in dieser Richtung noch etliche, teils sehr interessante Industriemetalle, deren Betrachtung den hier gegebenen Rahmen übersteigt.

Geldmetalle

Gold und Silber, die ihren wesentlichen Nutzen darauf gründen, dass sie als Zahlungsmittel verwendet werden, sind Geldmetalle. Die ersten Münzen bestanden aus einem natürlich vorkommenden Gemisch, einer Legierung, von Gold und Silber, dem sogenannten Elektron.

Auch heute halten die führenden Zentralbanken im Pool ihrer Währungsreserven einen gewissen Teil an ganz normalen 400 Unzen (12,5 Kilogramm) Goldbarren als physische Goldreserve. Sie sichern sich somit einen gewissen Vertrauenssockel, wohl wissend, dass im Zweifel und über die Zeit andere Geldarten an Bedeutung verlieren. Kaum jemand würde in wirtschaftlich widrigen Zeiten Berge von Zink oder Nickel kaufen, um sein Vermögen vor Kaufkraftverlust zu bewahren. Die Wertkonzentration, Bekanntheit und das Image machen solche Industriemetalle gegenüber Silber und erst recht gegenüber Gold unattraktiv, auch wenn sie langfristig sicher wertbeständiger als Papiergeld sind.

Silber und Gold werden oft in einem Atemzug genannt und mit unvergänglicher Schönheit, großer Sicherheit, purem Luxus und weitgehenden Freiheiten in Verbindung gebracht. Im Zweifelsfalle sind beide Edelmetalle im Handumdrehen aus ihrer heutigen Nische als Wertaufbewahrungsmittel heraus und wieder geltendes Austauschmittel für Waren und Dienstleistungen. Der Schritt zur erneuten Verwendung und dem Einsatz als praktisches Alltagsgeld ist sehr klein.

Gold

Gold bedarf nicht vieler erklärender Worte, es spricht für sich selbst. Deshalb seien hier nur die wesentlichen Eigenschaften knapp zusammengetragen:

➤ zählt zu den positiv belegten Werten
➤ hohe sakrale Bedeutung in nahezu allen Religionen
➤ im Vergleich zu anderen Edelmetallen geringste Volatilität[10]
➤ in sich gleichartig
➤ beliebig teilbar
➤ weitgehend recyclebar
➤ wird weltweit gehortet
➤ hat sich außerordentlich bewährt für die praktische Kaufkraftsicherung
➤ im Anlagebereich zumeist mehrwertsteuerfrei[11]
➤ gilt heute noch als Geld

Silber

Das »Gold des kleinen Mannes« war historisch gesehen über Jahrtausende der wesentliche Teil des umlaufenden Geldes. Silber war der

---

[10] Als Volatilität wird die prozentuale oder absolute Kursschwankung bezeichnet. Ist die Volatilität hoch, so schwankt der Wert stark.
[11] Ab der 900ten Feinheit bei Münzen und 995er Feinheit bei eckigen Barren besteht Steuerfreiheit, für ältere Münzen gibt es eine gesonderte jährliche Festlegung des Bundesministeriums der Finanzen (BMF).

Lastesel des alltäglichen Wertaustausches. Es ist jedoch mit der gezielten Einführung des Goldstandards aus dieser Funktion verdrängt worden. Silber wird heute vielfach nur noch als Rohstoff wahrgenommen.

Im Vergleich zu seiner historisch lang anhaltenden Wertrelation zu Gold ist Silber seit wenigen Jahrzehnten deutlich unterbewertet. Seine ehemals hohe finanzielle Bedeutung könnte es zusehends zurückgewinnen und dadurch neben seiner industriellen Verwendbarkeit ein weiteres Einsatzgebiet finden. Silber in wenigen Worten:

➤ zählt zu den positiv belegten Werten,
➤ der Stoff mit der höchsten Reflexionsfähigkeit und vielen weiteren physikalischen Eigenschaften für diverse gegenwärtige und zukünftige Anwendungen in Chemie, Medizin und Technik
➤ deutlich höhere Volatilität im Vergleich zu Gold
➤ in sich gleichartig
➤ beliebig teilbar
➤ Kleinstmengen wurden in großem Umfang verbraucht und sind nicht recycelbar
➤ nur ein geringer Anteil der stattgehabten Förderung ist noch verfügbar
➤ in unterschiedlichem Umfang steuerbelastet[12]
➤ galt ehemals als Geld und könnte dies wieder tun

Industriemetalle

Zur Gruppe der Industriemetalle werden neben den Eisen- und Nichteisenmetallen hier auch die Edelmetalle Platin und Palladium gerechnet, da ihre monetäre Funktion bislang unbedeutend war. Der

---

[12] In Deutschland auf gemünztes Silber 7 Prozent, Barren, Granulat, Medaillen 19 Prozent, Österreich stets 20 Prozent, Schweiz 8 Prozent.

Wert von Platin und Palladium wird gegenwärtig wesentlich durch die technische Verwendbarkeit bestimmt. Weiten sich die industriellen Einsatzgebiete und die konkreten Verwendungsmöglichkeiten aus, so steigt ihr Preis. Die Prägung von Münzen und die Produktion von Barren, die für die Vermögensanlage geeignet sind, kommt bei Industriemetallen sehr viel seltener vor als bei Geldmetallen.

Platin

Das sogenannte »kleine Silber« war in grauer Vorzeit vom Gold, bei dessen Gewinnung es mit anfiel, kaum zu trennen. Das Wort »Platin« kommt aus dem Spanischen und bedeutet »schlechtes, mieses Silber«. Der hohe Schmelzpunkt und das Fernhalten von Sauerstoff bei der Verarbeitung war für die Azteken und Inkas ein Problem und verunreinigte daher das Gold. Platin war unbeliebt und wurde, so es sich überhaupt trennen ließ, regelrecht entsorgt. Es wurde sogar ins Meer geworfen.

Der Schmelzpunkt von Platin liegt mit über 1700 °C weit höher als der von Gold, das Gewicht ist volumenbezogen nur geringfügig höher – eine Platinunze ist also etwas kleiner als eine Goldunze.

Platin zusammengefasst:

➤ zählt zu den positiv belegten Werten
➤ nahezu keine monetäre Bedeutung
➤ etliche praktische Einsatzbereiche in Chemie und Technik, vor allem als Katalysator
➤ in sich gleichartig
➤ beliebig teilbar
➤ deutlich höhere Volatilität als Silber
➤ mit vollem Mehrwertsteuersatz belegt[13]

---

[13] Deutschland 19 Prozent, Österreich 20 Prozent, Schweiz 8 Prozent.

Palladium

Palladium ist das jüngste Edelmetall dieser Gruppe und wurde erst im Jahr 1803 von William Hyde Wollaston bei der Platingewinnung entdeckt. Seinen Namen bekam es von dem Asteroiden Pallas, der 1802 in unserem Sonnensystem entdeckt worden war.

Palladium wird heute, vergleichbar mit Platin, überwiegend in der Industrie eingesetzt. Es ist das chemische Element mit der höchsten Absorptionsfähigkeit für Wasserstoff. Als feiner Staub oder Pulver sogenannter Palladiumschaum ist Palladium als einziges der hier genannten Edelmetalle brennbar. Seine Merkmale sind:

> keine monetäre Bedeutung
> etliche praktische Einsatzbereiche in Chemie und Technik, vor allem als Katalysator
> in sich gleichartig
> beliebig teilbar
> vergleichbar hohe Volatilität wie Platin
> mit jeweils vollem Mehrwertsteuersatz belegt[14]

---

[14] Deutschland 19 Prozent, Österreich 20 Prozent, Schweiz 8 Prozent.

GOLD

Goldbarren

5 Gramm Goldbarren			
10 Gramm Goldbarren			
20 Gramm Goldbarren			
31,1 Gramm Goldbarren			
50 Gramm Goldbarren			

100 Gramm Goldbarren	 
250 Gramm Goldbarren	
500 Gramm Goldbarren	
1000 Gramm Goldbarren	

Goldmünzen zur Kapitalanalage

| 1 Unze Krügerrand | |
| 1 Unze Wiener-Philharmoniker | |

1 Unze Nugget / Känguru		
1 Unze Maple Leaf		
1 Unze Britannia		
1 Unze Mexiko Libertad		
1 Unze American Eagle		
1 Unze Austr. Lunare 2011 »Jahr des Hasen« Serie II		

1 Unze American Buffalo		
1 Unze China Panda		
1 Kilogramm China Panda		

Goldmünzen Deutschland

10 Mark Wilhelm I von Preussen		
20 Mark Wilhelm I von Preussen		

Goldmünzen Österreich
(Neuprägungen)

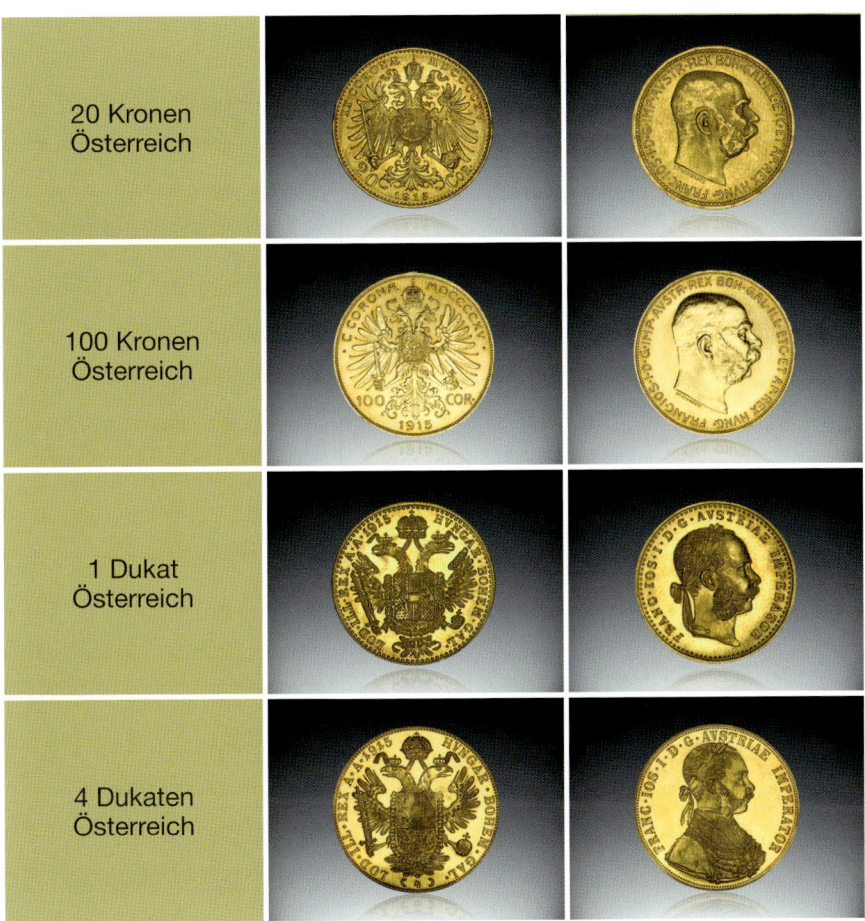

20 Kronen Österreich

100 Kronen Österreich

1 Dukat Österreich

4 Dukaten Österreich

Goldmünzen Schweiz

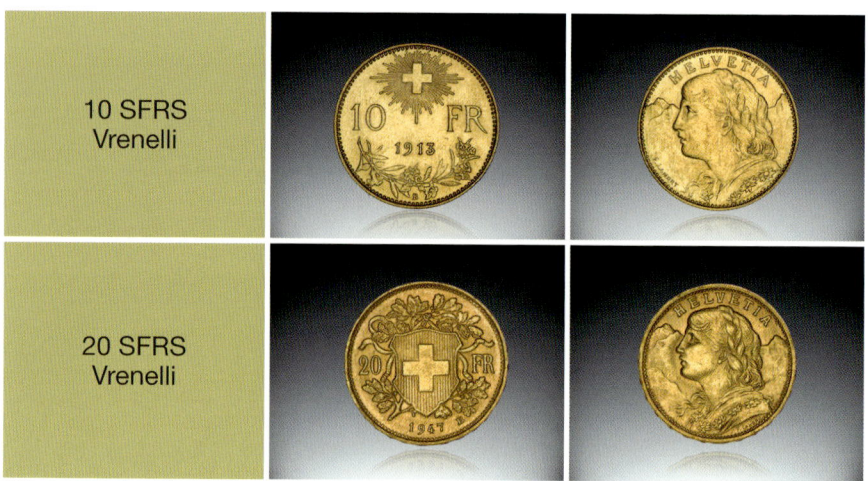

10 SFRS Vrenelli		
20 SFRS Vrenelli		

Goldmünzen Großbritannien

½ Pfund Diverse Prägungen		
1 Pfund Elisabeth Diadem (Sovereign)		
1 Pfund Elisabeth Haarband (Sovereign)		

Goldmünzen Russland

| 5 Rubel Nikolaus II | |
| 10 Rubel Tscherwonetz | |

Goldmünzen Amerika

10 USD Liberty / Kopf (Liberty Head)	
20 USD Statue (Saint Gaudens Type)	
20 USD Liberty / Kopf (Liberty Head)	

SILBER

Silberbarren

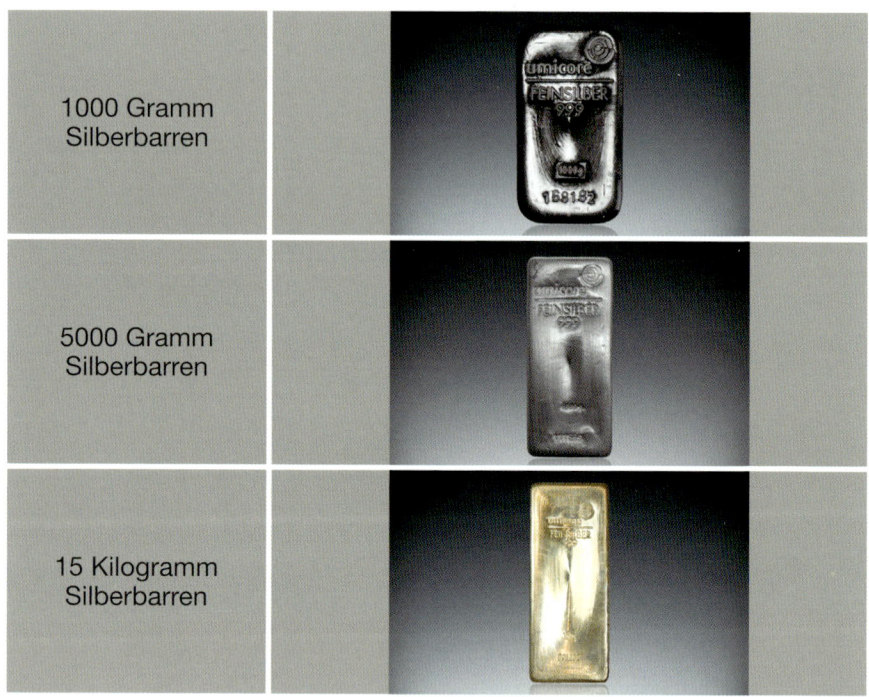

1000 Gramm
Silberbarren

5000 Gramm
Silberbarren

15 Kilogramm
Silberbarren

Silbermünzen zur Kapitalanlage

1 Unze
Wiener-
Philharmoniker

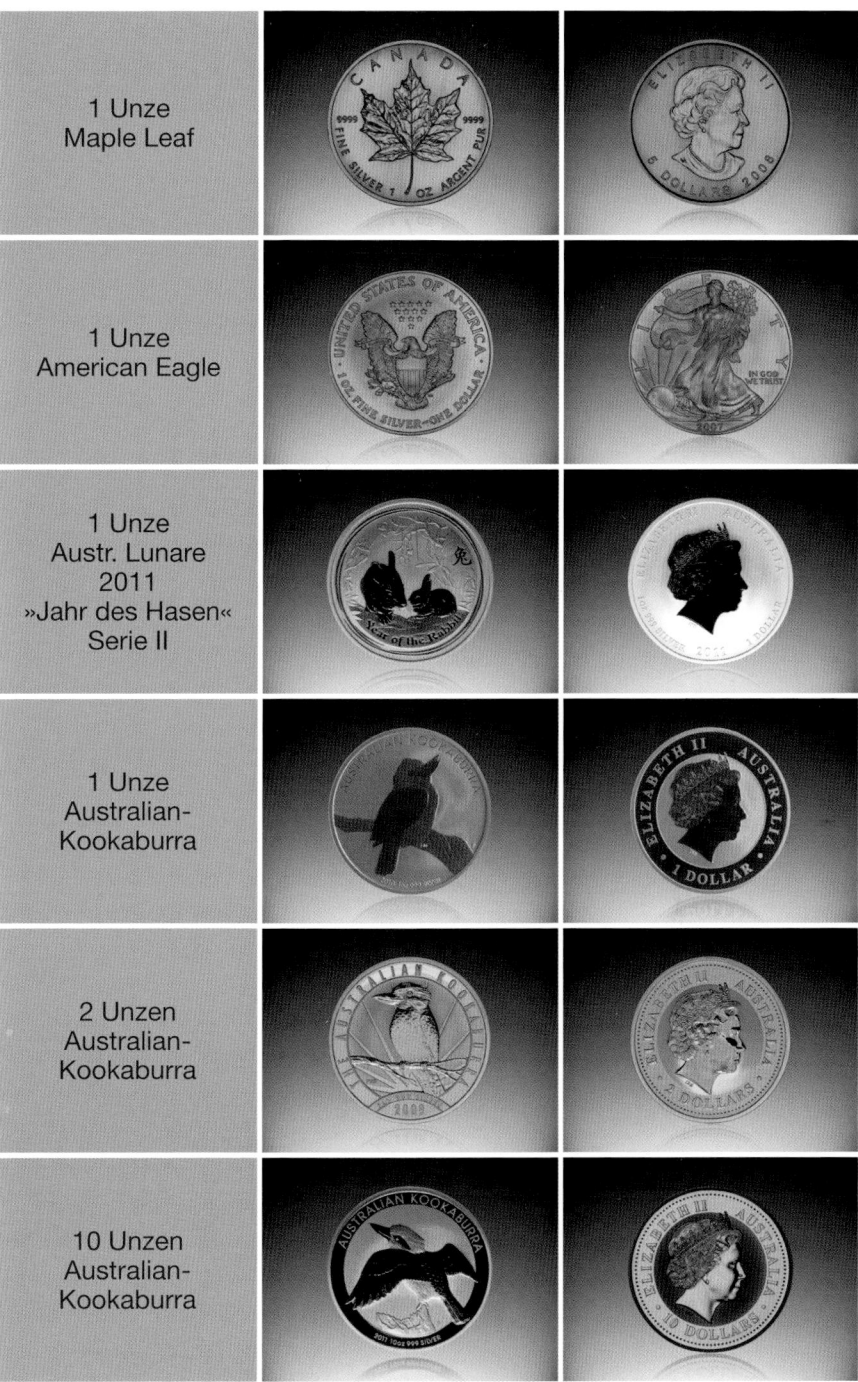

1 Unze Maple Leaf		
1 Unze American Eagle		
1 Unze Austr. Lunare 2011 »Jahr des Hasen« Serie II		
1 Unze Australian- Kookaburra		
2 Unzen Australian- Kookaburra		
10 Unzen Australian- Kookaburra		

1 Kilogramm Australian-Kookaburra		
1 Unze Britannia		
1 Unze China Panda		
½ Unze Koala		
1 Unze Koala		
10 Unzen Koala		

1 Kilogramm Koala	
1 Unze Mexiko Libertad	
2 Unzen Mexiko Libertad	
5 Unzen Mexiko Libertad	
1 Kilogramm Mexiko Libertad	
1 Kilogramm Cook Islands Münzbarren	

100 Unzen Cook Islands Münzbarren	
5 Kilogramm Cook Islands Münzbarren	

Silber Sonstiges

1000 Gramm ProSilber Granulat	
5000 Gramm ProSilber Granulat	

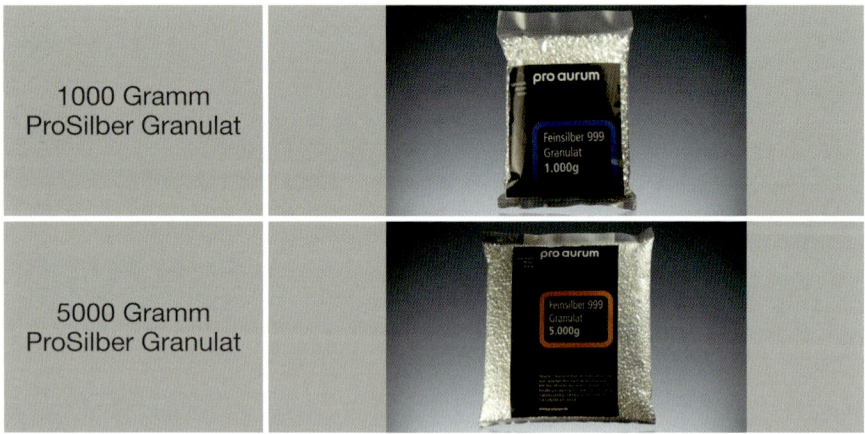

PLATIN

Platinbarren

31,1 Gramm Platinbarren	
50 Gramm Platinbarren	
100 Gramm Platinbarren	
500 Gramm Platinbarren	
1000 Gramm Platinbarren	

Platinmünzen zur Kapitalanlage

1 Unze Koala	
1 Unze Noble	

PALLADIUM

Palladiumbarren

31,1 Gramm Palladiumbarren	
50 Gramm Palladiumbarren	
100 Gramm Palladiumbarren	
500 Gramm Palladiumbarren	
1000 Gramm Palladiumbarren	

Palladiummünzen zur Kapitalanlage

1 Unze
Australien Emu

1 Unze
Maple Leaf

Wahl der richtigen Stückelung

Die Wahl der für Sie vorteilhaften Stückelung, also der Größe der einzelnen Edelmetallstücke, ist im Wesentlichen von folgenden zwei Fragen abhängig: Wie viel Edelmetall wollen Sie sich insgesamt beschaffen? Wozu soll Ihnen dieses Edelmetall dienen?

Edelmetallwahl

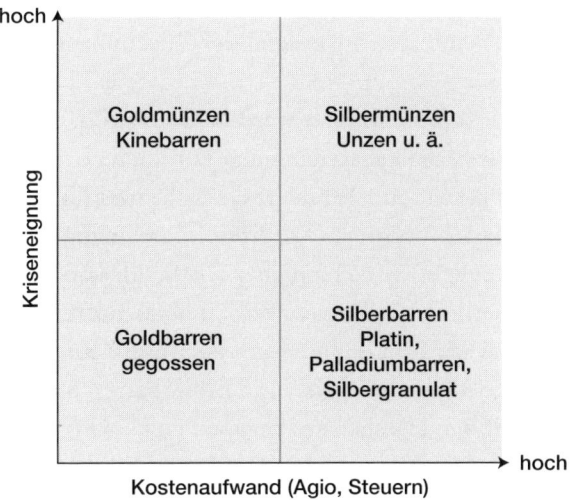

Die Fabrikationsart spielt eine wichtige Rolle bei dieser Frage. Die Formgebung, also der Unterschied zwischen Granulat, Barren oder Münzen, und die Herkunft sind nicht nur Geschmacksache, sondern sie wirkt sich direkt auf Aspekte wie Formkosten, Steuern, Lagerung und den Handelskurs aus.

Barren

Goldbarren sind der Inbegriff der Investition in Edelmetalle. Barren aus Gold lassen sich einfach und kostengünstig herstellen und sind effizient zu lagern. Barren sind robust und ihre Form ist zeitlos. Sie lassen sich leichter fälschen als Münzen. Gefälschte Barren sind zumeist schlichte Kopien oder Ausstellungsstücke, die irrtümlich in den Verkehr gekommen sind und zeitweilig von Unbedachten als Originale gelten. Diese Stücke sind jedoch für den Fachmann sehr leicht zu erkennen. Oftmals steht auch direkt auf der Rückseite, dass es sich um Ausstellungsware handelt.

Bei klassischen Silberbarren ist erst bei einer Vervielfachung des heutigen Silberwertes mit ersten Kopien oder Fälschungen zu rechnen.

Ab Gewichten von 250 Gramm werden Gold- und Silberbarren in der Regel gegossen. Sie haben dann eine rundliche Umlaufkante und sind auf der Oberseite mit Feinheit, Gewicht und Hersteller, Nummer und Metallart punziert[15]. Die Produktionsmethode des Gusses ist ab diesem Gewicht wirtschaftlicher als die für kleinere Einheiten übliche Prägemethode. Teilweise werden auch Barren mit Gewichten von 100 oder gar 50 Gramm gegossen. In der Regel sind jedoch unterhalb von 250 Gramm Gold- und Silberbarren aus Feinblechen gestanzt und mit den klassischen Angaben eines gegossenen Barrens einseitig geprägt. Die Form solcher Gold- und Silberprägebarren erinnert an eine rechteckige Münze mit glattem Rand und spiegelnder, ebener Ober- wie Unterseite.

Platin- und Palladiumbarren werden stets geprägt oder gefräst und sind daher im Vergleich zu Gold- und Silberbarren auffallend kantig.

---

[15] Das mechanische Eintreiben von Angaben mit Hilfe eines Schlagstempels, wie auch bekannt der Edelmetall- gehalt bei Schmuckstücken.

Alte und angelaufene Barren werden bedingt durch mindere Wiederverkaufseignung teilweise nur als Schmelzware gehandelt. Sie sollten daher beim Kauf auf einwandfreie Ware bestehen und bei der Lagerung auf ein passendes Umfeld achten. Auf die Entfernung von Schutzhüllen verzichten Sie im Hinblick auf den einfachen Wiederverkauf am besten.

Im Sinne des einfachen und preisoptimalen Wiederverkaufs ist es auch, wenn Sie sich auf Barren von »Good Delivery«-Produzenten konzentrieren. London Good Delivery bezieht sich auf einen exklusiven Kreis von Produzenten, deren Produkte zum Londoner Handel durch die LBMA[16] akzeptiert werden. Diese Zulassung führt zu einer internationalen Akzeptanz der Erzeugnisse dieser Produzenten; renommierte Händler konzentrieren sich bei ihrer Sortimentsgestaltung auf diese Hersteller. Für Ware, die nicht unter »Good Delivery« fällt, zahlen Sie zwar im Einkauf etwas weniger; beim Verkauf kommen Sie jedoch im Zweifelsfall in Erklärungsnot und müssen zunächst eine Echtheitsanalyse akzeptieren. Auch wenn die chemische Qualität der Barren einheitlich sein mag, die mindere Akzeptanz von No-Name-Produkten führt – wie so oft – zu Preisabschlägen im Sekundärhandel. Einige der »Good Delivery«-Produzenten werden im Folgenden vorgestellt.

Umicore, vormals Degussa

Die in Deutschland bekanntesten Barren stammen von der »Deutschen Gold und Silber Scheideanstalt«, der Degussa. Sie gab ihre Edelmetallsparte zuerst an die OMG AG & Co KG mit Sitz in Hanau ab, einem Tochterunternehmen der amerikanischen OM Group. Diese wiederum verkaufte den Geschäftsbereich an die bel-

---

[16] LBMA – Die London Bullion Market Association (LBMA) stellt den Rahmen für den Edelmetallhandel in London dar, im Internet unter: www.lbma.org.uk

gische Umicore. Seit 2005 produziert Umicore ausschließlich Barren unter eigenem Namen. Die Feinheit der Edelmetalle und die Abmessungen sind dabei identisch zu der traditionsreichen Fabrikation der Degussa. Die Kriterien der LBMA für »Good Delivery« werden nach wie vor erfüllt. Damit sind Barren von Umicore international anerkannt und handelsfähig. Die Reputation der Degussa-Barren ist noch immer gewaltig. Beobachtet man den Privatmarkt heute, so erzielen Barren von Degussa in der Regel höhere Preise als solche von Umicore. Nach und nach werden jedoch die Barren der Degussa aus dem Markt verschwinden und durch solche von Umicore ersetzt.

Gegenüber anderen Produzenten setzt Umicore bei Goldbarren ab 250 Gramm auf Einzelzertifizierung. Jeder neu gefertigte Barren wird mit einem nummerngleichen Zertifikat an der Barrenunterseite eingeschweißt, die Nummer des Barrens und des Zertifikats sind von außen sichtbar. Kleinere Barren oder Barren aus anderem Edelmetall werden ohne Zertifikat produziert.

Sehr alte Barren aus der Zeit der Degussa haben keine Seriennummer, was sie unter steuerlichen Gesichtspunkten interessant machen könnte. Menschen, die besonders auf Diskretion bedacht sind, bevorzugen gelegentlich diese Barren, vergleichbar alten Anlagemünzen.

Heraeus und Argor-Heraeus

Die weltweit tätigen Edelmetall- und Technologieunternehmen Heraeus fertigen unterschiedliche Edelmetallbarren: die deutsche Heraeus in Hanau und die Schweizer Argor-Heraeus in Mendrisio.

Als Besonderheit sind die Gold-Kinebarren von Argor-Heraeus im Markt bekannt. Kinebarren sind gestanzte Goldbarren, denen auf der Rückseite ein Kinegramm[17] als farbig schillerndes Hologramm eingearbeitet ist. Diese sehr exklusive Fertigungsmethode findet sonst nur auf Geldscheinen Anwendung und dient der Sicherheit. Zudem sind Kinebarren mit einem umgebenden Zertifikat einlaminiert. Die Fertigungsgrößen von einem Gramm bis zu einer Unze eignen sich jedoch vornehmlich als Geschenk und wegen der etwas höheren Formkosten weniger als nüchterne Investition.

Achtung, lehnen Sie Minigoldbarren im Grammgewichtsbereich, eingeschweißt in einem Scheckkartenformat und gegebenenfalls einem kleinen Hologramm-Aufkleber auf der Rückseite ab. Dies sind keine Kinebarren, weder von Heraeus in Hanau noch von Argor-Heraeus, und in der Regel nicht einmal handelsfähige Markenerzeugnisse nach LBMA.

Aus dem Markt ist bekannt, dass Heraeus zukünftig auch seine gegossenen Barren mit einem Zertifikat ausstatten wird. Dies macht die Barren zwar nicht echter oder schwerer, ist aber aus Marketing- und Akzeptanzgründen sinnvoll. Offenbar haben Edelmetallkäufer Zertifikate, die mit Goldbarren gemeinsam eingeschweißt sind, besonders gern.

Münzbarren

Münzbarren zeichnen sich dadurch aus, dass sie neben der rechteckigen Form eines geprägten bzw. gefrästen Barrens auch einen Nominalwert haben. Genau dieser Nennwert macht sie steuerlich gesehen zu einer Münze. Anlagemünzen aus Silber sind in Deutschland mit

---

[17] Eingetragenes Markenzeichen der OVD Kinegram AG, ein zweidimensionales Kinegramm lässt bei Rotation des Gegenstands eine Art Filmsequenz ablaufen und ist nicht gleichbedeutend mit einem Hologramm, das in der Regel dreidimensional ist.

dem reduzierten Steuersatz von derzeit 7 Prozent belegt und Münzbarren profitieren von dieser Tatsache. Dies mag der Grund sein, weswegen Münzbarren ausschließlich in Silber gefertigt werden.

Mit 1.000 Gramm Feinsilber war der »Cook Island«-Münzbarren der erste seiner Art. Er wurde in Australien geprägt, obgleich die Münzbarren in Deutschland erfunden wurden. Es folgten Versionen mit 100 Unzen und 5.000 Gramm, dann aus deutscher Fertigung. Heute wird auch der 1.000 Gramm schwere Münzbarren von Heimerle + Meule in Pforzheim gefertigt.

Münzbarren sind wegen ihrer Zwitterart formtechnisch ein Barren, fiskalisch jedoch eine Münze und daher steuerlich auch nur für die Gegebenheiten in Deutschland interessant. Die Kostenvorteile bewegen sich zwischen einem Silbermünzenkauf und dem Silberinvestment in einem Zollfreilager.

Münzbarren	Höhe mm	Breite mm	Tiefe mm
1.000 g	105	51	19
100 oz	183	89	20
5.000 g	183	89	30

Barrenmünzen

Barrenmünzen (Bullion Coins) sind geprägte Münzen, deren Wert sich überwiegend aus dem Feingewicht des verwendeten Edelmetalls ergibt. Sie werden auch als Anlagemünzen oder »Bullion Coins« bezeichnet. Die Feinheit und der Materialwert sollten bei einer Anlagemünze dominieren und ausschlaggebend für den Gesamtwert der Münze sein. Aspekte wie die absoluten Prägezahlen einzelner Jahrgänge, die erreichte Prägequalität und das Alter der Münzen sollten keine wesentliche Rolle bei der Preisfindung spielen.

Es ist jedoch beim Kauf darauf zu achten, dass die Münzen in einem handelsüblichen Zustand sind. Grobe Kratzer, Dellen oder Kerben führen im Handel zu Abschlägen bis hin zum reinen Schmelzwert des verwendeten Materials. Sogar in der Regel unbedenkliche Verfärbungen sind abschlägig, da sie beim Weiterverkauf zu Reklamationen führen.

Grundsätzlich sind Silbermünzen nur neuwertig problemfrei handelbar. Bei Gold und Platinmünzen kommt es auf die ursprüngliche Verpackung an. Klassische Gold-Anlagemünzen wie der Krügerrand, der Philharmoniker oder der American Eagle dürfen leichte Zirkulationsspuren aufweisen. Werksseitig gekapselte oder einzeln verschweißte Münzen wie die australische Lunar-Serie oder der Chinesische Panda belässt man besser originalverpackt.

Die Prägezahlen von Anlagemünzen orientieren sich an der Nachfrage des Marktes. In Ausnahmefällen kann es vorkommen, dass einstmals nachfrageschwache Jahrgänge in der Folgezeit von Anlagemünzsammlern verstärkt nachgefragt werden. Dann werden diese manchmal doch mit einem Aufgeld im Vergleich zu den Auflagen stärkeren Jahrgängen der gleichen Münze gehandelt. Dieser Prämieneffekt ist auch bei einigen besonders sorgfältig geprägten, nicht unlimitiert produzierten Münzen zu beobachten. Dazu zählen die Lunar-Serien aus Australien und Kanada, die Pandamünzen, die Britannia oder der Kookaburra. Eine eigene Welt sind Prägungen in Polierter Platte (PP), worauf hier aber nicht näher eingegangen wird.

Grundsätzlich gilt: Je größer das Aufgeld einer Münze auf ihren Metallgewichtspreis, desto eher ist sie ein Objekt für Sammler und umso unattraktiver wird sie für Anleger. Die im Folgenden betrachteten Münzen sind von ihrer jeweiligen Produktionsart her durchweg in üblichem Stempelglanz (ST).

Maple Leaf

Die aus Kanada stammende Münze Maple Leaf gibt es in allen vier Edelmetallen mit jeweils gleichem Motiv.

Maple Leaf Gold	
Produktion	1979 bis heute
Feinheit	999 bis 1983, 999,9 seitdem
Auflage	In der Regel nach Bedarf
Randbeschaffenheit	Geriffelt
Besonderheit I	Es gibt eine Kleinserie von 1 Unze mit 99999er Gold als sogenannte »Supermaple« seit dem Jahr 2007 in begrenzter Auflage
Besonderheit II	Kleinserie in 100 Kilogramm-Stücken mit jeweils einer Million Nennwert und einer Feinheit von 999,99. Fünf Exemplare sind bekannt.
Steuer	keine

Maple Leaf Silber	
Produktion	1988 bis heute
Feinheit	999,9 (reinste Anlagemünze in Silber)
Auflage	In der Regel nach Bedarf
Randbeschaffenheit	Geriffelt
Besonderheit I	Es gibt eine 10 Unzen Einmalauflage aus 1998
Besonderheit II	Lunar-Ausführungen mit kleinen Tiersymbolen auf der Münze
Steuer	Deutschland 7 %, Österreich 20 %, Schweiz 8 %

Maple Leaf Platin	
Produktion	1988 bis 1999
Feinheit	999,5, wie bei Platin üblich
Auflage	Oft vergriffen
Randbeschaffenheit	Geriffelt

Besonderheit I	Eine 1/15 Einmalauflage aus 1994
Besonderheit II	Eine Auflage aus 2002 von 500 Stück mit dem Ahornblatt als Hologramm
Steuer	Deutschland 19 %, Österreich 20 %, Schweiz 8 %

Maple Leaf Palladium	
Produktion	2005 bis heute
Feinheit	999,5 wie bei Palladium üblich
Auflage	Oft vergriffen
Randbeschaffenheit	Geriffelt
Steuer	Deutschland 19 %, Österreich 20 %, Schweiz 8 %

Kilo	Unzen	Gold	Silber	Platin	Palladium
	1/20	ja			
	1/10	ja	ja		
	1/4	ja	ja		
	1/2	ja	ja		
	1	ja	ja	ja	ja
	2				
	5				
	10		ja		
100		ja			

Philharmoniker

Der Wiener Philharmoniker wird von der Münze Österreich AG in Wien geprägt. Er ist die auflagenstärkste europäische Anlagemünze. Es gibt ihn in Gold von 1/10 Unze bis zu einer Unze sowie in Feinsilber zu jeweils einer Unze. Bekannt sind zudem zwei Sonderserien einmal zu 1.000 Unzen und einmal in 20 Unzen Gold.

Philharmoniker Gold	
Produktion	1989 bis heute
Feinheit	999,9
Auflage	Die ganze Unze ist immer verfügbar, die kleineren Stücke in der Regel nach Bedarf
Randbeschaffenheit	Geriffelt
Besonderheit I	Zum 15. Jubiläum 15 1.000-Unzen-Münzen
Besonderheit II	Zum 20. Jubiläum 6027 20-Unzen-Münzen
Steuer	Keine

Philharmoniker Silber	
Produktion	2008 bis heute
Feinheit	999 geprägt als »Feinsilber«
Auflage	In der Regel nach Bedarf
Randbeschaffenheit	Glatt
Besonderheit I	Identischer Durchmesser zur Goldvariante
Steuer	Deutschland 7 %, Österreich 20 %, Schweiz 8 %

Unze	Gold	Silber
1/10	ja	
1/4	ja	
1/2	ja	
1	ja	ja
20	ja	
1000	ja	

Krügerrand

Die weltweit bekannteste Goldanlagemünze ist der aus Südafrika stammende Krügerrand, im Original eigentlich Krugerrand genannt. Er hat eine Feinheit von etwa 916/1000 oder genau 91,66 Prozent, bedingt durch eine Beimischung von Kupfer. Diese lässt ihn im Vergleich zu reineren Goldmünzen etwas rötlich und dunkler erscheinen. Gleichwohl ist das Gewicht des enthaltenen Feingoldes in einem Krügerrand identisch zum Feingewicht entsprechender anderer Goldmünzen. Man bekommt demnach pro Münze genauso viel Gold mit einer anderen Anlagemünze gleicher Gewichtseinheit. Den Krügerrand gibt es seit 1967 in jährlich stark schwankenden Auflagen, stets in der genannten Gold-Legierung[18]. Prägungen aus Feingold oder Silber sind keine Originale, ebenso Gewichtseinheiten, die nicht zu den klassischen Stückelungen gehören. Originale Größen sind die Stückelungen 1/10, 1/4, 1/2 und 1/1 Unze.

Der Krügerrand ist in Südafrika gesetzliches Zahlungsmittel mit einem laufenden nationalen Kurs in Landeswährung, der täglich anhand des Goldkurses festgestellt wird. Der Krügerrand wird daher als eine von ganz wenigen Münzen[19] ohne einen bestimmten Nominalwert geprägt. Ein Nominal- oder Nennwert ist eine Währungsangabe mit Einheit bspw. 1 Euro oder 50 Cent.

Krügerrand Gold	
Produktion	1967 bis heute
Feinheit	916 2/3
Auflage	In der Regel nach Bedarf
Randbeschaffenheit	Geriffelt
Besonderheit I	Diverse Auflagen in PP
Steuer	keine

Unze	Gold
1/10	ja
1/4	ja
1/2	ja
1	ja

[18] Legierung – Materialmischung.
[19] Nur die mexikanische Silber-Libertad ist ebenfalls ohne Nominalwert als Münze bekannt.

Libertad, Plata Pura

Die aus Mexiko stammende Münzserie Libertad oder auch Siegesgöttin gibt es in Silber und in Gold. Die Silbervariante, vormals Onza Plata Pura[20], ist mit Prägung seit 1982 die älteste Silberanlagemün-
ze im klassischen Gewicht von einer Unze. Bis 1991 nur im Gewicht
von einer Unze geprägt, ist die Münze heute die einzige Silberanlage-
münze, die auch in kleineren Gewichtseinheiten von 1/2, 1/4, 1/10
und sogar 1/20 Unze verfügbar ist. Die Aufgelder in den kleineren
Gewichtseinheiten stehen jedoch Investitionen in größerem Umfang
entgegen. Zudem gibt es die Silbermünze auch in 2/1 und 5/1 Unze
sowie als 1.000-Gramm-Variante.

Libertad Gold	
Produktion	1981 bis 1989, 1991 bis heute
Feinheit	900 bis 1989, 999 bis heute
Auflage	In der Regel nach Bedarf
Randbeschaffenheit	Variante I beschriftet, II und III Geriffelt
Steuer	keine

Libertad Silber	
Produktion	1996 bis heute
Feinheit	999 Feinsilber
Auflage	In der Regel nach Bedarf
Randbeschaffenheit	Variante I beschriftet, II Geriffelt
Besonderheit I	Drei verschiedene Motive
Besonderheit II	Vereinzelt auch in PP erhältlich
Steuer	Deutschland 7 %, Österreich 20 %, Schweiz 8 %

---

[20] Plata Pura: Feinsilber

44

Die Libertad ist sowohl in Gold wie auch in Silber in Mexiko regulä-
res Zahlungsmittel mit einem laufenden nationalen Kurs in der Landeswährung. Wie auch der Krügerrand, hat die Libertad keinen geprägten Nennwert.

Die Gold-Libertad wird seit 1981 geprägt und ist damit nach Krügerrand und Maple Leaf die dritte Goldanlagemünze. Dennoch spielt sie
als solche international keine führende Rolle. Von der Siegesgöttin in
Gold gibt es eine alte Serie bis 1989 in 900er Gold im Gewicht von
1/1, 1/2 und 1/4 Unze; dann ab 1991 in Feingold, mit einem leicht
modifizierten Motiv identisch dem ersten Silbermotiv und zugleich
einer Abrundung der Gewichtsangebote um 1/10 und 1/20 Unze.
Seit 1996 gibt es die Siegesgöttin in Gold in zum dritten Mal geän-
derten Motiv, wiederum identisch zur Silbervariante.

Kilo	Unze	Gold	Silber
	1/20	ja	ja
	1/10	ja	ja
	1/4	ja	ja
	1/2	ja	ja
	1	ja	ja
	2		ja
	5		ja
	10		ja
1			ja

American Eagle

Die von der United States Mint geprägten Eagle-Münzen werden
seit 1986 in Gold und Silber und seit 1997 auch in Platin ausgege-
ben. Auf der Wertseite zeigen sie einen Adler, den amerikanischen
Wappenvogel, und auf der Bildseite die Lady Liberty. Je nach Edel-

metallart unterscheiden sich die grafische Darstellung des Seeadlers (amerikanischer Wappenvogel) und der Liberty.

American Eagle Gold	
Produktion	1986 bis heute
Feinheit	916 2/3
Auflage	In der Regel nach Bedarf
Randbeschaffenheit	Geriffelt
Besonderheit I	Legierung aus Gold, Kupfer und Silber
Steuer	Deutschland 7 %, Österreich 20 %, Schweiz 8 %

American Eagle Silber	
Produktion	1986 bis heute
Feinheit	999 Feinsilber
Auflage	In der Regel nach Bedarf
Randbeschaffenheit	Geriffelt
Besonderheit I	Vereinzelt auch in PP erhältlich
Steuer	Deutschland 7 %, Österreich 20 %, Schweiz 8 %

Die Eagle-Münzen sind, gemessen an der Auflage in Silber, die weltweit bekanntesten Anlagemünzen nach dem Maple Leaf. In Gold spielen sie jedoch eine untergeordnete Rolle, vorwiegend da sie legiert in 22 Karat hinter den 24-Karat-Goldmünzen wie dem Wiener Philharmoniker zurückstehen.

Unze	Gold	Silber	Platin
1/10	ja		ja
1/4	ja		ja
1/2	ja		ja
1	ja	ja	ja

American Buffalo

Als Ergänzung zum amerikanischen Münzangebot für Edelmetallinvestoren gibt es seit 2006 den American Buffalo in 999,9 Feingold[21]. Das Motiv wurde von einer Nickelmünze aus dem Jahr 1913 übernommen, die auf der Bildseite ein aus unterschiedlichen Originalen konstruiertes Indianerporträt und auf der Wertseite einen Büffel zeigt.

Aufgrund der limitierten Auflage von jährlich 300.000 Stück ist seine Bedeutung als klassische Anlagemünze allerdings sehr eingeschränkt. Diese Münzen schaffen es nur in gewissen Tranchen nach Europa und sind kaum in nennenswerter Zahl verfügbar. Noch seltener ist die Silberversion des Buffalo, die in viereckiger Form geprägt wird und allein in den USA ihre Sammler sucht.

Barrenmünzen mit häufigem Motivwechsel

Im Unterschied zu klassischen Anlagemünzen wechseln einige Hersteller häufiger – in der Regel jährlich – das geprägte Motiv. Hierdurch entstehen Münzen, die einen Übergangsbereich von Barrenmünzen zu Sammlermünzen darstellen.

Der Käufer hat den Vorteil, dass die Stücke im Laufe der Jahre oftmals über den Metallwert hinaus einen Sammlerwert gewinnen. Nachteile bestehen darin, dass ein innerer Zwang entstehen kann, begonnene Serien durch fortgesetzten Kauf zu vervollständigen – auch wenn die finanziellen Verhältnisse oder die aktuellen Edelmetallkurse ein solches Vorgehen nicht nahelegen. Außerdem sind manche Sammler kaum in der Lage, bei hohen Edelmetallpreisen eine nüchterne Entscheidung zu treffen und sich von Teilen ihrer Bestände zu trennen.

---

[21] Bei Edelmetall zu Schmuckzwecken ist die Feinheitsangabe in Karat üblich, hier in Tausendsteln.

Beachtenswert bei einem Kauf dieser Münzen ist, dass ihr Preis direkt nach Erscheinen eines neuen Motivs oft erheblich über dem Metallwert liegt. Der Handelspreis fällt dann gegen Ende der Prägeperiode auf Werte ähnlich üblichen Barrenmünzen, um danach im Laufe der Jahre wieder zu steigen.

Känguru, vormals Nugget

Unter den Barrenmünzen mit häufigem Motivwechsel seie zuerst die von der Perth Mint hergestellte Münze Känguru, vormals Nugget[22], genannt. Von 1986 bis 1989 zeigte die Münze in gediegener Form gefundenes Gold als Nugget. Da der Absatz sich in Grenzen hielt, wurde zunächst die Abbildung auf Darstellungen verschiedener Känguruspezies umgestellt. Eine kleine Besonderheit ist der höhere Nennwert der 2 Unzen, 10 Unzen und Kilomünze der ersten Ausgabe. Mittlerweile wurden das Rote Riesenkänguru, das Graue Riesenkänguru und das Bergkänguru gezeigt. Später wurde die Münze auch in Känguru umbenannt. Heute ist die Kängurumünze in Gold ein Klassiker in der Kapitalanlage, speziell wenn das jeweils aktuelle Jahrgangsmotiv im Verkauf ist. Der Aufpreis auf den reinen Goldwert ist dann überschaubar und gleicht anderen Anlagemünzen. Zudem

Kilo	Unze	Gold	Silber
	1/20	ja	
	1/10	ja	
	1/4	ja	
	1/2	ja	
	1	ja	ja
	2	ja	
	10	ja	
1		ja	

---

[22] Ab 1991 als Weltneuheit auch in 1 Kg Gold hergestellt.

ist bereits die Verpackung dieser Münzen eine hochwertige Einzel-
verkapselung, die auch die Aufbewahrung von Einzelmünzen schonend möglich macht.

Kängurumünzen werden auch in Silber geprägt, stellen hier auflagen-
bedingt jedoch ein Sammlergebiet dar.

Lunar, Australien

Lunar-Münzen zeigen auf ihrer Bildseite das jeweils aktuelle Tier-
kreiszeichen des chinesischen Kalenders. Die weltweit bekannteste
Lunar-Serie ist die von der Perth Mint in Australien. Sie wird seit
1996 in Gold, seit 1999 in Silber und in einigen Sonderfällen auch in
Platin und Palladium gefertigt. Es gibt diverse unterschiedliche Stückelungen in Gold von einer 1/20 Unze aufwärts und in Silber bis auf
10 Kilogramm ansteigend.

Kilo	Unze	Gold	Silber
	1/20	ja	
	1/10	ja	
	1/4	ja	
	1/2	ja	ja
	1	ja	ja
	2	ja	ja
	5		ja
	10	ja	ja
0,5			ja
1		ja	ja
10		ja	ja

Der Klassiker im Goldbereich sind die Unzeneinheiten, bekannt im Sil-
berbereich die steuerbegünstigte Kilomünze. Beliebteste Motive sind der
mit besonderer Bedeutung versehene Drache sowie Schlange und Pferd.

Britannia

Die Britannia-Münzen der British Royal Mint werden seit 1987 in unterschiedlichem 22-Karat-Gold und seit 1997 auch in Silber mit einer Feinheit von 958/1000 geprägt. 1987 war die Britannia mit 92.000 Stück Auflage die erste europäische Goldanlagemünze. In den Folgejahren wurde diese Erstauflage nicht mehr erreicht. Daher wurde zum Jahrtausendwechsel ein Motivwechsel in jedem ungeraden Kalenderjahr eingeführt, der den Sammlercharakter der Münze besonders herausstellt.

Unze	Gold	Silber
1	ja	ja

Panda

Bereits seit 1982 prägt die Shanghai Mint Anlagemünzen namens China Panda[23] aus purem Gold. Die Münzen zeigen auf der Wertseite nahezu jedes Jahr eine andere Darstellung des vom Aussterben bedrohten Pandabären und auf der Bildseite den Tempel des Himmels, allerdings mit unterschiedlichem Rand.

Die Pandamünzen sind aufgrund ihrer hervorragenden Prägetechnik mit unterschiedlichen Reflektionseigenschaften ausgestattet. Der sich dadurch ergebende Schwarz-Weiß-Effekt wie bei einem Panda macht die Münzen zu idealen Sammlerobjekten. Bereits zum Ausgabezeitpunkt haben sie einen deutlichen Aufschlag auf den Metallwert.

Pandamünzen gibt es auch in Silber und Platin, vereinzelt sogar in Palladium.

---

[23]   Seit 1983 als Weltneuheit auch in 1/20 Unze Gold.

Kilo	Unze	Gold	Silber	Platin	Palladium
	1/20	ja	ja		
	1/10	ja	ja		
	1/4	ja	ja		
	1/2	ja	ja	ja	
	1	ja	ja	ja	ja
	5	ja	ja		
	10	ja			
1		ja	ja		

Umlaufmünzen

Kurrantmünzen waren vor der Einführung des heutigen Papiergeldsystems als Zahlungsmittel im Umlauf. Ihre Produktionsmethode ist wie bei den meisten Anlagemünzen Stempelglanz. Je nach Alter sind sie unterschiedlich gut erhalten.

Zur Anlage in Edelmetallen eignen sich diese alten Edelmetallmünzen aus der Zeit des weltweiten Gold- oder Bimetallstandards durchaus. Bis heute sind sie in teilweise sehr umfangreichen Beständen vorhanden. Die Prägekosten sind weitgehend abgehandelt, das heißt diese Münzen sind meist ohne viel Aufgeld erhältlich. Sie sind sowohl als Motiv wie auch als Begriff besonders im Ursprungsland bis heute gut bekannt. Beispiele sind Golddukat, Kaiser Wilhelm und andere Goldmarkprägungen, Gulden, Kronen, Tscherwonez, Vreneli und Sovereign/Pfund.

In Einzelfällen sind für besonders gut erhaltene Stücke mit seltenem Jahrgang enorme numismatische Aufschläge zu zahlen. Je größer diese Aufschläge sind, desto weniger handelt es sich selbstverständlich um eine Anlagemünze im engeren Sinne.

Im Weiteren werden hier einige Münzen vorgestellt, die als Zahlungsmittel genutzt wurden, aus Gold oder Silber bestehen und zu Anlagezwecken geeignet sind. Gelegentlich werden die ehemaligen Motive bis heute nachgeprägt, haben aber gleichwohl ein Prägejahr aus der Vergangenheit auf der Münze angezeigt. Hierbei handelt es sich dann nicht – wie gelegentlich vermutet – um Fälschungen, sondern schlicht um offizielle Neuprägungen. Achten Sie beim Handel größerer Mengen dieser Münzen darauf, dass durch die Jahrzehnte der Nutzung das vormalige amtliche Sollgewicht der Münze nicht mehr unbedingt stimmen muss. Wiegen Sie daher die Menge der Münzen; die unveränderte Legierung der Münzen sowie das ermittelte Gewicht lassen eine einfache Kursfeststellung unabhängig von der Anzahl Münzen zu.

Deutschland

Die Mark des Deutschen Kaiserreiches (Mk) war in Gold geprägt. Die Goldmünzen zu 20 Mark wurden letztmals 1914 geprägt, mit Ausnahme von Jäger-Katalog Nr. 253 und der Goldmünze 20 Mark Wilhelm I von Preussen. Die 5-Mark-Goldmünzen wurden bereits 1900 außer Kurs gesetzt. Am 4. August 1914 wurde die Einlösung von Banknoten in Goldmünzen per Gesetz aufgehoben.

Heute wird bei diesen Münzen allgemein – anders als zur Zeit ihres alltäglichen Einsatzes – nicht von »Mark«, sondern von »Goldmark« (GM) gesprochen.

Klassisch war die Mark in Gold von 1871 bis 1914 im Alltagseinsatz. Schon im Verlauf des Ersten Weltkriegs verschwand Gold als Münzmaterial aus den deutschen Geldbörsen.

Jeder Staat des Deutschen Kaiserreiches besaß ein eigenes Prägerecht. Während das Revers (Rückseite) der Goldmünzen stets das kaiserliche Wappen darstellen musste, war die Gestaltung des Avers (Vorderseite) der jeweiligen Prägeanstalt freigestellt. Die Stadtstaaten

Hamburg, Lübeck und Bremen prägten dort ihre Wappen, die anderen Staaten bildeten in der Regel ihren jeweiligen Herrscher ab.

Die bekanntesten Avers-Motive sind Kaiser Wilhelm II., Kaiser Wilhelm I. und weit weniger häufig das Hamburger Wappen.

Nominal unterscheidet man 5, 10 und 20 GM. Die kleine 5-Goldmark-Münze ist heute am wenigsten verbreitet. Ihr Bestand wird auf lediglich 10 Prozent der ursprünglich geprägten Menge geschätzt. Die 10-Goldmark-Münze bringt 3,58 Gramm, die 20-Goldmark-Münze genau doppelt so viel, also 7,16 Gramm Feingold auf die Waage. Von diesen Münzen sind noch 40 bis 50 Prozent des Bestands erhalten. Allen Goldmark-Münzen gemein ist die Legierung von 900/1000.

Im Gegensatz zu Gold ist Silber in Deutschland weit länger im praktischen Einsatz geblieben. In nennenswertem Umfang erhalten sind Reichsmarkmünzen zu 2 und 5 Mark nominal.

Unter Anlageaspekten ebenfalls denkbar und wegen ihrer allgemeinen Bekanntheit auch für den Tauschhandel interessant sind die 5-Mark-Münzen der Bundesrepublik Deutschland ab 1951. Diese Münzen sind bis heute in Euro rechenbar, und zwar entsprechen 5 Deutsche Mark zum festen Wechselkurs 1,95583 Euro heute 2,56 Euro. Die Legierung bei diesen 5-DM-Münzen bis zum Jahr 1979 ist 11,2 Gramm 625er Silber. Danach verschwand auch das Edelmetall Silber aus den Geldbeuteln der Deutschen. Zum Nominalwert 2,56 Euro sind die in jeder Münze enthaltenen 7 Gramm Feinsilber mit 0,37 Euro pro Gramm bei Unzenpreisen über 11,50 Euro sehr interessant. Dies gilt umso mehr, als die geprägte Gewichtseinheit sehr klein ist.

Sonderprägungen aus der Zeit von 1952 bis 1979 mit unterschiedlichsten Motiven haben einen identischen Silberanteil. Nur die ersten vier Motive – Germanisches Museum, Schiller, Freiherr von Eichendorff und Markgraf von Baden – werden mit einem signifikanten

Sammleraufschlag gehandelt.

Neu herausgegeben werden in Silber heute nur noch Sondermünzen zu 10 Euro. Seit 2002 und bis Ende 2010 waren diese 10-Euro-Sondermünzen aus 925er Silber. Seit Beginn 2011 sind sie lediglich noch aus 625er Silber, das Bruttogewicht ist von 18 Gramm auf 16 Gramm gefallen, der Feinsilberanteil von 16,65 Gramm auf 10,00 Gramm. Den meisten Menschen sind diese Münzen als gesetzliches Zahlungsmittel unbekannt. Ab einem Silberpreis von über 18,68 Euro je Unze ist die alte 10-Euro-Silbermünze ein absoluter Tipp, bei der neuen Version der 10-Euro-Silbermünze ist dies erst bei Silberkursen ab 31,10 Euro je Unze der Fall.

Die verschiedenen Sondermünzen sind jeweils für eine kurze Zeit zum Beispiel an Bankschaltern oder führenden Edelmetallhändlern zum Nominalwert in limitierter Menge erhältlich. Der Erwerb größerer Stückzahlen ist recht kompliziert.

Österreich

In der Zeit des Bimetallstandards gab es in Österreich das System der Dukaten, der Gulden und der Kronen. All diese Goldmünzen wurden im 20. Jahrhundert in erheblichem Umfang offiziell nachgeprägt. Alle offiziellen Neuprägungen weisen das jeweils letzte Prägejahr der originalen Umlaufmünze aus.

Näher eingegangen sei auf die Dukaten, die erstmals 1284 in Venedig geprägt wurden und deren Verbreitungsgebiet sich zunehmend über ganz Europa erstreckte. Da sie weniger im täglichen Umlauf zwischen Privatpersonen Verwendung fanden, sondern vor allem für größere grenzüberschreitende Finanztransaktionen eingesetzt wurden, waren sie keinem größeren Verschleiß ausgesetzt. Diese »Handelsmünzen« bestanden daher neben einem geringen Kupferanteil zu 98,6 Prozent aus Gold. Um die Fälschungssicherheit zu erhöhen, war es hier ferner möglich, bei einer geringen Dicke eine größere Prägeoberfläche zu realisieren. So weist das Vier-Dukaten-Stück bei einer Dicke von nur 0,71 Millimetern einen Durchmesser von 39,5 Millimetern auf.

Angemerkt sei, dass der goldene Wiener Philharmoniker in guter österreichischer Tradition heute im Vergleich zu anderen Anlagemünzen ebenfalls mit Abstand die größte Oberfläche aufweist.

Aus der Zeit des Schillings gibt es in Österreich zahlreiche geringwertige Silberschilling-Münzen, die heute zum Nominal ein guter Kauf sind, da der Realwert bereits höher liegt. Auch ihre hohe Bekanntheit und ihre kleine Gewichtseinheit macht diese Münzen attraktiv.

Schweiz

Das Gold-Vreneli mit Nominalwert von 10 und 20 Schweizer Franken und einem Feingewicht von 2,9 und 5,81 Gramm ist bis heute besonders beliebt. Im Alltag war das Vreneli bis ins Jahr 1936 gebräuchliches Zahlungsmittel, dann werteten die Schweizer ihre Währung um 30 Prozent ab, und das Vreneli wurde wertvoller als der aufgeprägte Frankenwert. Das Vreneli ist heute außer Kurs gesetzt, der hohe Realwert legt auch ein anderes nahe als damit zu zahlen.

Sind Vreneli mit geringem Aufgeld erhältlich, so sind sie eine gute Anlagevariante. Als Tauschmittel für den Extremfall sind die kleine Einheit, die robuste Legierung von 900er Gold und die hohe Bekanntheit günstig.

Großbritannien

In großem Umfang erhalten sind Sovereigns, geprägt von der British Royal Mint seit 1817 in Wiederauflage. Die Münzen zu einem oder 1/2 Pfund und 3,66 bzw. 7,32 Gramm Feingold haben mehr noch als der schweizerische Vreneli einen historischen Hintergrund als Goldgeld. Sie waren im gesamten Britischen Weltreich im Umlauf und wurden nicht nur in England, sondern auch in Bombay (I), Ottawa (C),[24] Melbourne (M), Perth (P), Pretoria (SA) und in Sydney (S) geprägt. Sie haben 22 Karat und zeigen auf der Rückseite meist den heiligen Georg. Gewendet erscheint der jeweilige Herrscher, dessen Darstellung in unregelmäßigen Abständen aktualisiert wurde.

Heute bekannt sind: Victoria/Jugend, Victoria/Krone, Victoria/ Schleier, Victoria/Wappen, Edward VII, Georg V, Elisabeth/Haarband und Elisabeth/Diadem. Die verschiedenen Motive haben teilweise unterschiedliche Handelswerte. Interessant bei diesem Münztyp ist, dass er sich in Griechenland großer Beliebtheit erfreut, insbesondere das Motiv Georg V und Edward. Im Rahmen der dortigen Finanzunsicherheiten ist es in ganz Europa zu sehr deutlich anziehenden Großmarktpreisen gekommen.

USA

Nach dem 1933 in den Vereinigten Staaten von Amerika in Kraft getretenen gesetzlichen Zwangsumtausch von Goldmünzen in Papiergeld wurden die eingesammelten Münzen in großem Stil zu coin-barrs[25] mit entsprechender Legierung eingeschmolzen. Die Münzen, die von ihren Besitzern beim damaligen Umtausch »vergessen« worden sind, befinden sich ganz überwiegend in wirt-

---

[24] Zeichen der Prägestätte, findet sich in klein auf der Münze
[25] Unreine Barren aus alten Kurantmünzen

56

schaftlich starken Händen und sind dementsprechend kaum im Handel.

Andere

Jede europäische Nation und an vielen Stellen auch freie Städte oder Fürstentümer hatten zur Zeit des Bimetallstandards Prägerechte und stellten in oft großem Umfang Münzen aus Edelmetall her. Davon sind erhebliche Mengen bis heute erhalten, die mit allenfalls geringem Aufschlag gegenüber dem Edelmetallkurs gehandelt werden.

Sofern Sie zum Beispiel zu einer bestimmten Region Europas einen persönlichen Bezug haben, kann der Erwerb für Sie auch als Edelmetallanlage besonders interessant sein. Da sich oft wenig Interessenten für diese oft stärker abgegriffenen Umlaufmünzen finden, werden seit Jahren regelmäßig größere Mengen zu Barren umgearbeitet und gehen so dem Markt verloren. Fragen Sie Ihren Edelmetallhändler daher bei Interesse gezielt nach solchen Anlagemünzen der zweiten Reihe aus Italien, Belgien oder Frankreich. Damit sind kleine bis sehr kleine Gewichtseinheiten zu geringen Aufschlägen erhältlich.

Sonstige Gattungen

Neben den Klassikern zur Vermögensanlage – den Barren – und den darüber hinaus geeigneten Einheiten für möglichen Tauschhandel – den Münzen – gibt es noch einige weitere interessante Verarbeitungsformen mit durchaus vorteilhaften Besonderheiten.

Nuggets

Beim Gold bekannt sind Nuggets – kleine oder größere natürlich vorkommende Klümpchen. Im Gegensatz zu Granulat wird ein Nugget beispielsweise durch Auswaschung von Gestein in Flussläufen durch die Natur freigesetzt. Nuggets haben oft einen hohen Feingoldanteil und sind stets einzigartig in Form, Legierung und Gewicht. Dies bedingt je nach Form einen gewissen Aufpreis auf den reinen Materialwert, den Mineralienfreunde für diese Unikate zu zahlen bereit sind. Ein anderes Motiv ist etwa das Interesse an schonend gewonnenem Gold.

Zur Vermögensanlage im engeren Sinne eignen sich Nuggets weniger, da Anleger meist die Gleichartigkeit und Teilbarkeit, weniger aber die Individualität von Unikaten suchen. Zudem sind Anleger an guter Handelbarkeit interessiert. Bei Nuggets ist allein schon die reine Feingoldermittlung schwierig und die Grundlage der Preisbemessung daher aufwändig.

Ketten

Ketten aus Gold haben in arabischen und asiatischen Kulturkreisen eine vergleichbar bedeutende Stellung wie Barren und Münzen in Europa. Wohlstand wird in Indien gern zur Schau getragen, vor allem mit prunkvollen Brautdekorationen. Aber auch die Goldmärkte Arabiens sind für ihre zahlreichen Juweliergeschäfte mit umfangreichen Auslagen an verschiedensten Goldketten bekannt.

Obgleich findige Goldschmiede in Indien teilweise inzwischen auf Silber als Kettenkernmaterial ausweichen, um den gewohnt üppigen Brautschmuck auch zu Zeiten ungewohnt hoher Goldpreise verkaufen zu können, spielt Silber als Kettenmaterial eine untergeordnete Rolle. Der Fokus liegt hier wohlgemerkt auf Vermögensanlage in Edelmetallen mit einer möglichst günstigen Verarbeitungsform. In Ländern mit niedrigem Lohnniveau hat der sonst erhebliche Formkostenanteil der Goldketten eine geringe Bedeutung. Bei Silber schlagen die Formkosten einer Kette jedoch auch in diesen Ländern in Relation zum Metallwert deutlich stärker zu Buche. Von der steuerlichen Seite betrachtet ist es einerlei, welches Kettenmaterial verwendet wird. Es fällt in Deutschland in jedem Fall die volle Mehrwertsteuer an.

Was ist in diesem Zusammenhang vom günstigen Goldeinkauf in Dubai oder der Türkei zu halten? Bei guter handwerklicher Verarbeitung kann Goldschmuck aufgrund der dort niedrigeren Verarbeitungskosten – Echtheit vorausgesetzt – durchaus interessant sein. Absolut gesehen ist das Edelmetallinvestment in Ketten dort jedoch finanziell nicht günstiger als der Kauf von Barren oder Münzen hierzulande. Gleichzeitig besteht ein höheres Risiko, was die Echtheit angeht. Die bei Schmucklegierungen sind in der Regel hochwertiger als in Deutschland üblich und das Material dadurch weniger widerstandsfähig. Beachten Sie unbedingt die jeweils gültigen Einreisebestimmungen und Freigrenzen des Zolls.

Granalien

Als industrieller Grundstoff werden Gold wie auch Silber vornehmlich in Granulatform gehandelt. Granulate werden bei dem Scheideprozess in der Edelmetallaufbereitung regelmäßig als Zwischenprodukt produziert. Steuerlich gesehen sind Granulate in fast jedem Fall für den Privatinvestor mit dem vollen Mehrwertsteuersatz belegt.

Da die Prägekosten für Münzproduktion und selbst die Formkosten für die Barrenfertigung entfallen, kann die Investition in Granulat wirtschaftlich vorteilhaft sein. Ist zudem ein steuerneutraler Erwerb etwa über eine eigene Firma oder für Privatinvestoren im Rahmen einer zollfreien Lagerung möglich, so stellt die Investition bei größeren Volumen eine attraktive Alternative zu anderen Verarbeitungsformen dar.

Mit Vorsicht zu genießen ist bei einer Auslieferung die leichtere Verpackung und die damit einhergehende Verletzlichkeit des Produktes. In der Regel wird Granulat in Kunststoffbeuteln oder Kapseln gehandelt. Wird die Verpackung geöffnet, so verliert der Inhalt einen Teil seines Wertes, da für den weiteren Handel dann streng genommen ein Auswiegen und eine Analyse des Granulats auf Feinheit erforderlich sind.

Granulate sollten daher nach Möglichkeit in ihrer industriellen Standard-Großverpackung von 20.000- oder 25.000-Gramm-Gewebebeuteln bleiben. Werden sie verkauft, können sie reibungsfrei in den industriellen Verwendungskreislauf der Produktion eingehen. Dies kann dann eventuell sogar zu einem besseren Kurs geschehen als bei bereits in Münzen oder Barren verarbeitetem Edelmetall, das zunächst umgeformt werden müsste.

Dentallegierungen

Wenig bekannt und auch nur sehr vereinzelt verwendet für die Vermögensanlage ist Dentalgold. Es ist nicht sonderlich gängig: Dentalgold ist abseits von Zahnarztpraxen und Laboren weitgehend unbekannt. Nachteilig ist ferner die volle Besteuerung als Rohstoff und die gegenüber Granulat schlechtere Verfügbarkeit. Bisweilen ergibt sich jedoch die Möglichkeit, Dentalgold direkt von privat zu erwerben. Dann können mitunter sehr kleine, aber gleichwohl normierte Stückeinheiten um die 2 Gramm erworben werden, die neben dem Investment auch noch eine ganz praktische Komponente bieten. Dentalgold ist und bleibt aber eher etwas für Liebhaber und Kenner.

Feingoldbänder und -bleche

Eine absolut untergeordnete Rolle in der Goldanlage spielen Fein-
bleche. In der Regel handelt es sich um Feingoldbänder für das
schmuckproduzierende Gewerbe. Klassisch finden sich auf Feingold-
band Angaben zum Hersteller und zur Materialgüte, teilweise auch
Gewichtsabstände. Insofern ist die Echtheit hinreichend belegt und
das Material auch nutzbar. Wie bei Dentallegierungen eignen sich
Feingoldbänder dann, wenn man sie zufällig günstig beziehen kann
oder aufgrund der persönlichen Situation einen Nutzen daraus zieht,
ob für den Beruf oder als Hobby.

Erstmals auf der Edelmetallmesse 2010 in München vorgestellt hat
die Scheideanstalt ESG Gold-Feinbleche zu 100 Gramm mit Soll-
bruchstellen zu jeweils einem Gramm. Hiermit soll eine Marktlücke
für Käufer geschlossen werden, die immer schon auf der Suche nach
einem Barren waren, von dem kleine standardisierte Stücke zu bre-
chen sind. Ob sich dieses Angebot am Markt behaupten kann, bleibt
noch abzuwarten.

WAHL DER RICHTIGEN MENGE

Die richtige Menge ist in jedem einzelnen Fall einer Edelmetallinvestition gesondert zu ermitteln, sie orientiert sich jedoch stets an den gleichen Kriterien. Bemerkenswerterweise sind die von sogenannten Anlageprofis empfohlenen Prozentwerte für die Edelmetallbeimischung im Gesamtvermögen über die vergangenen Jahre massiv gestiegen. Bis zum Jahre 2000 wurden allgemein 3 bis 5 Prozent empfohlen. Dann stieg der empfohlene Anteil. Aktuell werden allgemein 7 bis 15 Prozent und bisweilen auch über 20 Prozent als angemessen erachtet. Ist dies blanker kurzfristiger Aktionismus in der Finanzkrise oder eine nüchterne Rückbesinnung auf reale Werte?

Selbstverständlich muss genau darauf geachtet werden, welche Positionen bei diesen empfohlenen prozentualen Beimischungen in die Berechnung des zu Grunde gelegten Vermögens einbezogen werden. Klassischerweise wird vom liquiden Anlagevermögen ausgegangen. Gelegentlich wird dieser Prozentwert aber auch auf das Gesamtvermögen einschließlich schuldenfreier Immobilien und einschließlich etwaiger Kapitalrückstellungen – zum Beispiel in Form von Versorgungswerks-Betriebsrentenansprüchen und staatlicher Rentenvorschau – bezogen. Ein solches Vorgehen ist angesichts der bedrohten Kaufkraft unserer Währung nicht abwegig.

Im folgenden Abschnitt werden die wesentlichen Kriterien zur richtigen Einschätzung vorgestellt und diskutiert.

Für Ihr Sicherheitsbedürfnis

Physische Edelmetalle sind eine ausgesprochen konservative Anlage und sind daher für Anleger mit einem starken Sicherheitsbedürfnis interessant. Ein mit Emittentenrisiko verbundenes Edelmetallangebot scheidet hier von Beginn an aus. Der Preis für die höhere Sicherheit sind zunächst die Kosten für Beschaffung und Einlagerung. Ferner wird auf die Chance verzichtet, im Mittel Zins oder Rendite oberhalb der Geldentwertungsgeschwindigkeit zu erzielen.

Gold ist unter den Edelmetallinvestments das mit Abstand konservativste und bietet die höchste Sicherheit, weil es im Kursverlauf geringste Volatilität (Preisschwankung) aufweist. Silber nimmt eine Zwischenposition ein. Platin und Palladium haben bereits deutliche spekulative Aspekte.

Um das Risiko bei der Edelmetallinvestition zu streuen, sollte jedoch durchaus auch zu den Weißmetallen gegriffen werden. Für konservative Anleger empfiehlt sich ein Verhältnis von 70 bis 80 Prozent zugunsten von Gold und eine Übergewichtung von Silber innerhalb der verbleibenden 20 bis 30 Prozent.

Für Ihr Liquiditätsbedürfnis

Je mehr Liquidität in Ihrem Gesamtvermögen vorhanden ist und je weniger davon benötigt wird, umso mehr Edelmetalle können Sie erwerben. Edelmetalle werden zwar bereits wieder als Geld und damit als Liquidität angesehen, aber noch ist es nicht ganz so weit. Gold und Silber gelten zwar als letzte Liquidität, es kann jedoch durchaus hinderlich sein, wenn aufgrund eines überhöhten Investitionsgrades die finanzielle Handlungsfreiheit eingeschränkt wird.

Ein guter Kompromiss kann die Nutzung eines Angebots von Lageranbietern sein. Hier lassen sich eingelagerte Edelmetalle für gewöhnlich schnell – da keine gesonderte Logistik und Materialeingangskontrolle erforderlich ist – und mit überschaubaren Kosten zurück in Euro tauschen. Bei ausschließlichem Eigenbestand physischer Edelmetalle, also bei der Lagerung von Barren und Münzen zu Hause, ist dies etwas aufwändiger. Für diesen Fall bieten professionelle Edelmetallhändler für nahezu jeden Winkel Deutschlands einen adressgenauen Abholservice für daheim gelagerte Edelmetalle. Es reicht der Verkaufsauftrag an den Händler; er veranlasst alles Weitere. Die Gutschrift ist dann bei optimalem Logistikfluss in etwa einer Woche nach Verkauf an den Händler bei Ihnen und damit erheblich schneller als bei einem klassischen Sparbuch mit drei Monaten Kündigungsfrist. Edelmetallvermögen kann also durchaus sehr liquide sein.

Dennoch ist auch bei einer Edelmetallinvestition stets darauf zu achten, dass der Umfang des Engagements in einem gesunden Rahmen bleibt und die Stückelungen der Vermögenssituation angemessen sind.

Für Ihre Vermögenssituation

Ist das Gesamtvermögen eher übersichtlich, so sind die Möglichkeiten eines Edelmetallkaufes nicht nur absolut, sondern auch prozentual eingeschränkt. Unvorhergesehene Alltagserfordernisse verlangen Liquidität in Papierwährung und erlauben nur begrenztes Engagement beim Kauf von Silber und Gold. Bei größeren Vermögen ist dies anders; hier empfiehlt sich auch prozentual eine stärkere Hereinnahme von Edelmetall. Selbst die Umwandlung von einzelnen sonstigen Vermögenswerten wie Immobilien kann angesichts höherer Diskretion, größerer Flexibilität und weniger Aufwand eine gute Überlegung sein.

Kleinere, noch im Aufbau befindliche Vermögen vertragen oft eine stärkere chancen- und risikoorientierte Silberinvestition. Größere, auf Erhalt bedachte Vermögen mit dem Wunsch nach weniger Volatilität haben erfahrungsgemäß einen stärkeren Drang zum Golde.

Für Ihre Zukunftserwartungen

Gehen Sie davon aus, dass ein Aufschwung und oder sogar das nächste Wirtschaftswunder unmittelbar bevorstehen, so liegt die prozentuale Beimischung von Edelmetall gewiss im einstelligen Prozentbereich. Lassen Sie gedanklich einen Neustart unseres Währungssystems zu, so wird die Beimischung sicher zweistellig sein. Auch werden Sie feststellen, dass Sie mit schleichendem Niedergang des Euro automatisch und ganz ohne weitere Käufe im Rahmen der Inflation einen höheren Investitionsgrad in Edelmetall erreichen.

Möglicherweise halten Sie einen Währungsneustart für völlig ausgeschlossen, sind aber in Sorge über eine längere Phase hoher Preissteigerung? Auch hier bietet sich eine deutliche Edelmetallbeimischung an.

Möglicherweise erwerben Sie Edelmetalle bei alleiniger Inflationssorge nicht unmittelbar physisch und verzichten auf Silber. Achten Sie dann jedoch unbedingt darauf, dass Ihr Edelmetalleinkauf am Markt eine physische Edelmetallverschiebung hin zu Ihnen auslöst. Kaufen Sie also kein Papier, wo lediglich Gold oder Silber aufgedruckt oder digital dargestellt sind. Kaufen Sie nur, wenn Ihnen glaubhaft versichert werden kann, dass tatsächlich Edelmetall in dem von Ihnen finanzierten Umfang separiert wird. Sie haben andernfalls kein Edelmetall erworben und auch keinen Einfluss auf den Markt, in dem gehandelt werden sollte. Viele Institutionen, darunter etliche ETFs, versichern ungefragt, hoch und heilig, genau die auf dem Papier angegebene Edelmetallmenge im Tresor zu lagern. Wer gibt Ihnen die

Sicherheit, dass die Institution diese Versicherung für den gleichen Barren nicht mehreren Anlegern gleichzeitig gibt?

Im Zweifel sind es nur die Angebote, die Ihnen direkt den Lagerschein zur Ware anbieten, die eine ordnungsgemäße 1:1-Lagerung gewährleisten.

Für Ihre Lebenssituation

Die aktuelle oder unmittelbar zukünftige Lebenssituation wirkt sich stark auf die Überlegung aus, wie viel Edelmetall im Eigentum angebracht ist. In frühen oder späten Lebensjahren ist der Investitionsgrad eher mit sich selber abzustimmen. Grundsätzlich können Sie dann prozentual stärker investiert sein.

Verantwortung, zum Beispiel für die Familie, kann im mittleren Alter den Fokus jedoch auf andere lebensnotwendige Aspekte verschieben. Oft ist hier das Wohlergehen des eigenen Nachwuchses, der Immobilienkauf oder eine Firmeninvestition von vorrangigem Interesse. Edelmetallkäufe spielen dann meist eine untergeordnete Rolle. Natürlich kann in einigen Fällen und beispielsweise insbesondere in Singlehaushalten die Situation auch in mittleren Lebensjahren so sein, dass kräftig in Edelmetalle investiert werden kann und wird.

Für Ihre Alternativenauswertung

Alternativen lassen Menschen abwägen zwischen zwei oder mehreren zur Auswahl stehenden Möglichkeiten. Gibt es keine Auswahl, so hat man keine Alternative.

Und so einfach das nun in der Theorie klingt, so simpel ist es auch in der Praxis. Bietet der Markt keine berauschenden Tagesgeldverzinsungen, das Sparbuch kaum sichtbare Verzinsung und die Börse mehr Kursrisiken, als lieb ist? Ziehen zudem Mietnomaden durchs Land und vermiesen Betongoldfreunden die Lust am Vermieterdasein? Werden selbst als offen bezeichnete Immobilienfonds geschlossen und sind dann unerfreulich illiquide? Haben gar Staaten Finanzierungssorgen und rutschen konsequent in ihrer Kreditwürdigkeit ab? Wenn Sie in einer solchen Situation nicht zu 100 Prozent cash mit Barmitteln sein wollen, dann spricht einiges für eine Alternative – für Edelmetalle.

Insbesondere dann, wenn Anlegern die Alternative der kollektiven Geldentwertung durch hemmungslose Gelddruckerei von verschiedensten Regierungen und Zentralbanken dieser Welt nicht gefällt und sie sich selbst am liebsten abseits dieser wundersamen Geldvermehrung ohne Kaufkraftzuwachs stellen möchten. Dann besteht auch die Möglichkeit, die Kaufkraft für sich zu bewahren und auf Gold und Silber als Alternative auszuweichen. Geldwerte, egal wie gut sie verborgen sind, wurden von Inflation immer gefunden und gefressen.

Natürlich werden auch wieder Zeiten des Wachstums und des Aufschwungs kommen. Dann gibt es die Möglichkeit, die Edelmetallquote auf ein angemessenes, niedrigeres Niveau zurückzufahren.

Je weniger gute Alternativen Sie heute zu einem Edelmetallinvestment haben, desto eher sind Sie bereit, einen höheren Investitionsgrad in Edelmetall für sich als vernünftige Möglichkeit anzusehen.

Wahl des richtigen Handelsplatzes

Für international ausgerichtete Anleger kommen grundsätzlich neben dem angestammten Heimatmarkt auch andere Bezugsorte für Edelmetall infrage. Angesichts der unterschiedlichen Aufschläge durch Verarbeitung und Besteuerung kann ein Kauf im Ausland vorteilhaft sein.

Für die Lagerung kann das Ausland allerdings ungeeignet sein. Wägen Sie daher im Vorfeld eines Geschäfts reiflich ab, ob sich die Beschaffung im Ausland als insgesamt vorteilhaft entpuppen wird. Einige grundlegende Informationen zur Auswahl des für Sie optimalen Handelsplatzes folgen.

Im Inland

Im Inland kennen Sie sich aus. Hier bewegen Sie sich sicher und sind geübt im Umgang mit Ihrem Umfeld. Sie sprechen die Sprache, kennen die geltenden Rechte und sind den alltäglichen Abschluss von Geschäften gewohnt.

Ein neuartiges und zunächst vielleicht etwas ungewohntes Geschäft, wie es der Kauf von Edelmetallen oftmals ist, wird Ihnen daher in heimischem Umfeld gewiss deutlich leichter fallen. Der Umgang mit größeren Summen, ob nun bar oder gegen Überweisung oder Kartenzahlung, stellt auf vertrautem Boden weniger eine Herausforderung dar. Eine Umrechnung in eine andere Währung entfällt, der verwendete Wertmaßstab ist daher geläufig.

Innerhalb der EU

Wenige Unterschiede ergeben sich beim Vergleich innerhalb der Europäischen Union (EU). Gleichwohl ist es korrekt, dass in Ländern mit starkem Bankgeschäft im Edelmetallsektor, zum Beispiel Österreich, manchmal engere Spreads[26] und daher etwas günstigere An- und Verkaufskonditionen als in Deutschland gelten, wie etwa im Fall von Gold. Haben Sie also die Möglichkeit des Geschäftsabschlusses

---

[26] Mit Spread ist das Aufgeld zum Börsenkurs oder die Differenz zwischen Ankauf und Verkaufskurs des Handels gemeint.

in einem dieser Länder, kann dies durchaus mit einem geringen finanziellen Vorteil verbunden sein. Bei steuerpflichtigen Weißmetallen gilt in Österreich pauschal und ohne Ausnahme die Mehrwertsteuer von derzeit 20 Prozent. Bei einem Silbereinkauf ist also der Erwerb in Deutschland wirtschaftlicher und das Ausweichen auf die mit nur 7 Prozent Mehrwertsteuer belegten Münzen interessant.

Beachten Sie zudem innerhalb der EU die Neugier und die Wünsche des Zolls. In der Regel sind Werte in Form von Bargeld und Edelmetall ab 10.000 Euro pro Person aufwärts deklarationspflichtig – wenn Sie vom Zoll danach gefragt werden.

Außerhalb der EU

Vergleichbares wie für Österreich gilt im Goldbereich auch in der Schweiz. Sie finden dort Ware von vertrauten Herstellern, die bisweilen zu erfreulich knappen Aufschlägen gehandelt wird. Für die Weißmetalle gilt in der Schweiz eine Mehrwertsteuer von derzeit 8 Prozent. Die Aufschläge bei den weißen Metallen sind aber interessanterweise oftmals üppiger als in Deutschland. Allein die steuerliche Verzerrung beim Kauf kann jedoch bei vorhandener Lagermöglichkeit einen Erwerb in der Schweiz sinnvoll machen. Bei der Ausfuhr von Edelmetallen bekommen Sie in der Regel die vor Ort gezahlte Steuer zurück und zahlen dann die Einfuhrumsatzsteuer Ihres Ziellandes. Es lassen sich also durch Einkauf in der Schweiz und nachfolgende Einfuhr nach Deutschland legal keine Vorteile erzielen.

Abgesehen von unvermeidbaren Fragen und Wünschen des Zolls, können Sie mit der Einlagerung in der Schweiz einen Schritt weg aus dem Zugriff deutscher Politiker unternehmen. Die vom ehemaligen Finanzminister Peer Steinbrück angesprochene Kavallerie wird dann mangels goldener Ausgangsmasse als Papiertiger am Massiv der Schweizer Berge scheitern.

Weitere Länder, abgesehen von den sehr edelmetallinteressierten arabischen und asiatischen Ländern mit ihrem Ketten- und Schmuckangebot, eignen sich weniger für den Edelmetallerwerb. Es fehlt in der Regel die notwendige Infrastruktur, es gibt kein Verständnis für dieses Investment, es mangelt an allgemein notwendiger Sicherheit und/oder die Marktgängigkeit der angebotenen Produkte ist sehr eingeschränkt. Ansonsten gilt beim Erwerb abseits der EU Vergleichbares wie in der Schweiz – mit landestypischen Steuersätzen.

WAHL DER RICHTIGEN BEZUGSQUELLE

Für den physischen Edelmetalleinkauf gibt es verschiedene Möglichkeiten. Grundlegend lassen sich drei Formen unterscheiden: der Kauf über eine Bank, der Bezug über den Fachhandel oder aber ein Direktgeschäft mit privat. Auf alle drei Formen wird im Folgenden genauer eingegangen. Zudem haben Sie vielleicht die Möglichkeit, den geplanten Erwerb mit Ihrem Berater abzusprechen und in Ihr Vermögen optimal einzupassen.

Bank

Physische Edelmetalle werden nur noch von wenigen Banken direkt angeboten. Gründe dafür sind weniger in der aufwändigen Logistik als in dem Charakter von Gold und Silber zu sehen. Einmal verkauftes Edelmetall zieht der Bank Einlagengelder von Depots und Sparkonten ab und es verkürzt die Bilanz der Bank. Eine sich immer wieder neu anlassende Gebührenerhebung und Umschichtungsempfehlung ist nach einem Verkauf von Barren und Münzen kaum noch möglich. Dies mag ein Grund dafür sein, dass manche Bankberater gerne Edelmetallzertifikate anpreisen. Zudem bedeutet physisches Edelmetall ein offenkundiges Misstrauen in unser aktuelles Währungs- und Geldsystem. Das kollektive Vertrauen in unsere Papierwährung ist aber das aktuell existenzielle Fundament unserer Banken.

Banken mit angeschlossenem eigenem Edelmetallhandel sind zumeist nur noch in größeren Städten zu finden. Bei Filialen dieser Institute ist oftmals eine Bestellung mit Abwicklung über die Zentrale möglich. Gold und Silber lassen sich alternativ auch über Volks- und Raiffeisenbanken oder bei Sparkassen kaufen.

Unbedingt zu beachten ist, dass kleine Stückelungen wie Silberunzen bei Banken teilweise sehr teuer sind und sich daher ein Engagement in großem Umfang nicht empfiehlt. Im Goldbereich sind Banken vom Preis her manchmal attraktiv. Die Seriosität bei der Abwicklung und die Echtheit der Ware sind zudem durchweg erstklassig.

Sofern die Edelmetalle erst bestellt werden müssen, achten Sie darauf, dass der Zeitpunkt der Preisfestsetzung unbedingt thematisiert wird. Bei der Festlegung auf das Bestelldatum haben Sie direkt eine Kalkulationsgröße. Bei der Fixierung auf den Abholtag bleibt Ihnen eine gewisse Preisunsicherheit. Wenn Ihnen das Institut eine Wahlmöglichkeit lässt, können Sie auf Kosten der Bank für sich Vorteile erzielen.

In aller Regel fordern Banken beim Edelmetallkauf ein institutsinternes Konto. Nicht selten muss über dieses Konto auch gleich die Verrechnung erfolgen. Die Angaben hierzu weichen jedoch innerhalb der Institute und gelegentlich auch der Filiale voneinander ab und es ergeben sich Verhandlungsmöglichkeiten.

Seien Sie sich bewusst, dass Sie sich mit einem physischen Edelmetallkauf bei einer Bank im Nischenbereich bewegen, regelmäßig auf dünne Kompetenz stoßen, ein Geschäft gegen die Urinteressen der Bank wünschen und daher oft in entsprechend verwunderte Gesichter schauen. Der Kauf bei Banken und Sparkassen erfordert zudem oftmals einige Zugeständnisse in Sachen Preis, Schnelligkeit, Praktikabilität und Anonymität.

Abschließend mag auch der Vorteil nicht einleuchten, der damit verbunden sein soll, dass jeder bei einer Bank getätigte Edelmetallkauf dort für alle Zeiten in den Büchern steht. Nachteile einer solchen ungewollten Buchführung könnten zum Beispiel darin bestehen, von der Bank oder von einer die Bank überprüfenden Organisation an den Edelmetallkauf »erinnert« zu werden. Dies könnte zum Beispiel bei einem Erbfall eintreten.

In den USA wurde 1933 der private Goldbesitz teilweise verboten. Möglicherweise wurde damals in einigen Familien ein Teil der Goldreserven schlicht vergessen und somit auch nicht brav abgeliefert.

Fachhandel

Im Gegensatz zu den Banken konzentriert sich der Edelmetall-Fachhandel voll und ganz auf das Geschäft rund um physisches Silber und Gold. Unterschieden werden muss zwischen dem Fachhandel mit Ladenlokal und dem Handel über Internet und Versand.

Ein Verkaufsraum bietet Kunden die Möglichkeit, die Waren persönlich zu sichten, sie selbst abzuholen und in bar zu zahlen. Dies ist wesentlich diskreter und anonymer als im Versandhandel, denn eine Bestellung über Internet oder über Telefon/Fax und die Bezahlung über ein Bankkonto lassen sich einfach und über lange Zeiten von vielen Stellen nachverfolgen (siehe dazu auch Kapitel: Wahl der richtigen Bezugsart).

Der Edelmetallkauf direkt im Fachhandel ist unkompliziert und, falls gewünscht, sehr zügig. Wenn Sie Fragen haben, so können diese gleich kompetent beantwortet werden. Achten Sie jedoch darauf, dass alle hervorgehobenen Punkte dieser Liste und möglichst viele zusätzlichen Kriterien erfüllt sind:

➤ **Der Ihnen angebotene Preis ist marktkonform; kein Händler kann besser als die Börse handeln, sprich deutlich mehr im Ankauf zahlen oder entsprechend weniger als üblich im Verkauf verlangen. Im Edelmetall-Versandgeschäft vergessen Sie** bitte nicht, dass Sie stets auf Vorkassebasis handeln und Ihr Geld bei unseriösen Anbietern schneller weg, als wieder da ist.

➤ Der Edelmetallhändler ist unter einer ortsüblichen Telefonnummer zu erreichen und realistisch in seinen Auskünften.

➤ Auf einer aussagekräftigen Internetseite finden sich die Pflichtangaben des Händlers wie Impressum, Allgemeine Geschäftsbedingungen, Dienstleistungs-Info; diese sind schlüssig und vollständig.

➤ Anfragen per Mail werden zeitnah und kompetent beantwortet. Länger als einen Arbeitstag sollte es nicht dauern und allzu standardisiert sollte die Antwort nicht ausfallen.

➤ Bei den auf seiner eigenen Internetseite angegebenen Partnerfirmen, Partnern oder Prüfstellen wie TÜV, Trusted Shops etc. sind der Händler und seine Adresse auf Nachfrage bekannt.

➤ Gute Referenzen sind gegeben; suchen Sie zum Beispiel nach der Händlerfirma im Internet und sehen Sie sich mehrere der unterschiedlichen Trefferseiten zu diesem Suchergebnis genau an.

➤ Der Handel sollte idealerweise schon mehrere Jahre am Markt vertreten sein.

➤ Der Edelmetallhändler hat eine Besucheradresse und die Warenübergabe ist dort persönlich möglich, gegebenenfalls sogar gegen Barzahlung.

➤ Der Edelmetallhändler hat einen inländischen Firmensitz und eine übliche Rechtsform, die im Handelsregister eingetragen ist.

➤ Der Edelmetallhändler ist Mitglied im Berufsverband des Deutschen Münzenfachhandels und der Deutschen Edelmetall-Gesellschaft und diese Angabe findet sich nicht allein auf der Seite des Händlers (betrugsanfällig), sondern vielmehr auf der Internetseite des entsprechenden Vereins über Rückverlinkung.

➤ Der Edelmetallhändler oder dessen Mitarbeiter werden in der bekannten Presse neutral oder positiv erwähnt und idealerweise zitiert.

➤ Der Edelmetallhändler betreibt durch Messebesuche, Fachbeiträge und regelmäßige Marktkommentare eine aktive Marktpflege.

> Eine Testorder mit einer Mini-Investition wird zur Ihrer vollsten Zufriedenheit erledigt.

> Der Händler bietet Ihnen den Rückkauf der verkauften Ware an und stellt dazu permanent einen Kurs. Andernfalls ist er nur ein Verkäufer, kein richtiger Händler.

> Der Händler bietet ein breites Produktsortiment und kann neben Gold auch Silber, Platin und Palladium liefern.

Privat

Im Sekundärmarkt lassen sich Edelmetalle gelegentlich auch privat handeln. Der Suchaufwand in Anbahnung des Geschäfts ist größer und die Sortimentsauswahl geringer als bei einem Kauf bei der Bank oder direkt im Fachhandel. Preislich können sich jedoch im Vergleich durchaus einige Vorteile ergeben und ein weiterer bekannter Nebeneffekt sind die persönlichen Kontakte unter Gleichgesinnten.

Der Vertrauensvorschuss des Käufers für Vorauskassezahlungen und/ oder Echtheitsprüfung muss zugleich größer ausfallen und die Sicherheit der Gesamtabwicklung ist geringer als im Bank- oder Fachhandel.

Die Sicherheit in der Gesamtabwicklung und die Gefahr, Opfer eines Verbrechens zu werden, sind bei privaten Geschäften außerhalb des nahen Umfeldes größer. Insbesondere für ältere Menschen kann es riskant sein, wenn durch private Geschäfte Unbekannte von ihrem Edelmetallbesitz erfahren.

Wirtschaftlich gesehen teilen sich Verkäufer und Käufer die Marge (Rohgewinn) der Bank bzw. des Händlers und ziehen im Idealfall beide daraus einen Vorteil. Allerdings findet sich nicht immer und unter Umständen erst nach zeitaufwändiger Suche ein geeigneter Handelspartner. Nur wenn man dann noch Glück hat, liegt dieser in unmittelbarer Umgebung und ein praktikables Geschäft lässt sich an.

Herausragend bei Privatgeschäften ist jedoch der Steueraspekt. Denn durch die Besteuerung von Silber, Platin und Palladium mit derzeit bis zu 19 Prozent in Deutschland ergäben sich bei einem Verkauf an die Bank oder den Händler erhebliche, weit über die reine Marge hinausgehende negative Effekte für den Privatinvestor. Aufgrund eigener Marktbeobachtung lässt sich behaupten, dass bei Privatgeschäften der Verkäufer von Weißmetallen stärker profitiert. Für den Käufer ergeben sich in der Regel geringere Kostenvorteile als für den Verkäufer. In einem überkauften Markt wird sich dies ins Gegenteil kehren. Beachten Sie dazu bitte das Kapitel »Aufgelder und Abschläge im physischen Edelmetallmarkt.«

Für Interessenten, denen die Suche nach geeigneten Angeboten von Privatleuten möglich ist, die nicht sofort eine bestimmte größere Menge kaufen wollen, das Risiko einer improvisierten Abwicklung bewusst eingehen wollen und die ein Stück Abenteuer im Handeln mit anderen Edelmetallbesitzern vertragen – und womöglich Gefallen an derartigen persönlichen Kontakten haben –, für die ist ein Edelmetallbezug von privat eine Überlegung wert. Im Internet finden sich dazu einige Anbahnungsplattformen (siehe Anhang).

Wahl der richtigen Bezugsart

Der Kauf von Edelmetallen basiert auf unterschiedlichen Überlegungen. Oft macht ein Anleger mehrere Anläufe, ehe er zur Tat schreitet. Selten ist es die einzelne Konfirmations-, Kommunions- oder Geburtstagsmünze, die eine Initialzündung gab. Bei größeren Investments ist der Edelmetallerwerb in der Regel ein wohl vorbereiteter Schritt, bei dem auch die Frage nach dem »Wie« eine gewichtige Rolle spielt. Die verschiedenen Arten des Edelmetallbezuges unterscheiden zu können ist Voraussetzung dafür, die geeignete Einkaufsart zu finden.

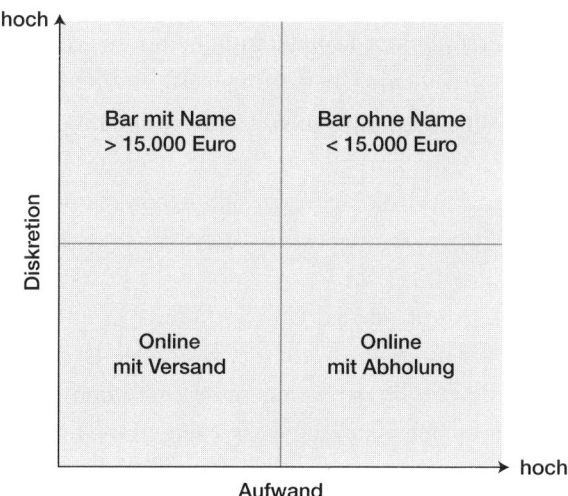

Hierbei geht es auch um die Frage, wie viel Anonymität gewünscht und wie viel nötig ist, damit Sie von Beginn an bewusst den richtigen Weg wählen.

Dokumentiert

Bei einem dokumentierten Kauf erhält mindestens eine weitere Partei von Ihrem Edelmetalleinkauf Kenntnis und kann Ihr Geschäft zu einem späteren Zeitpunkt nachhalten. Typischerweise ist damit die Bank oder der professionelle Händler gemeint, bei dem Sie einkaufen. Eine Dokumentation kann auf verschiedene Art und Weise erfolgen und einen mehr oder minder großen Umfang haben.

Beispiel Bank Ihres Vertrauens: Sie betreten den Kassenraum und werden gefilmt. Sie wünschen eine Goldmünze und diese wird Ihrem Konto mit dem entsprechend aktuellen Kurs der Bank belastet. Im Nachgang haben Ihre Bank und alle, mit denen sie jetzt oder in Zukunft zusammenarbeitet, Einblick, wer wann zu wie viel Euro welches Edelmetall zulasten welchen Kontos gekauft hat. Von der Überwachungskamera gibt es dazu noch Bild und Video. Gelegentlich werden Edelmetallkäufe auch in Ihrer Vermögensübersicht bei Ihrer Bank aufgeführt – fraglich, ob Sie das möchten.

Auch Edelmetallhändler nutzen Videoüberwachungen, wie sie zur Vermeidung oder Aufklärung von Straftaten eingesetzt werden. In der Regel wird die Aufzeichnung jedoch schon zeitnah überschrieben, vorausgesetzt, es gab an gleicher Stelle keinen Raubüberfall.

Überlegen Sie sich gut, ob Sie via Kreditkarte oder EC-Karte/Maestro-Karte zahlen möchten. Neben den in aller Regel anfallenden Kreditkartenkosten findet dabei auch eine Dokumentation statt. Mit Barzahlung lassen sich Transaktionskosten und Dokumentationsschritte vermeiden, auch entfällt das üblicherweise vorhandene Limit von Kredit- und EC-Karten.

Bevorzugen Sie bei großem Diskretionswunsch auf jeden Fall die Bargeldzahlung. Bis 15.000 Euro sollte dies problemlos möglich sein. Erst ab diesem Betrag bestehen laut Geldwäschegesetz erhöhte Vorsichtsmaßnahmen. Eins gilt es gleichwohl zu beachten – Mehrfachkäufe knapp unter 15.000 Euro werden Ihnen schnell als Geldwäscheversuch, sogenanntes Smurfing, ausgelegt und Sie müssen sich dann doch ausweisen. Der Gesetzgeber hat auch keine feste Frist zwischen zwei Käufen festgelegt. Haben Sie in der Zwischenzeit wieder eine entsprechende Summe verdienen können, so sollte ein erneuter anonymer Kauf auch knapp unter 15.000 Euro kein Problem darstellen. Im Handel wird ein zeitlicher Abstand von etwa sechs Wochen zwischen zwei Geschäften praktiziert.

Wenn Sie verkaufen möchten, ist ebenfalls ab 15.000 Euro eine Dokumentation Ihrer Ausweisdaten erforderlich. Dies geschieht klassischerweise, indem Ihr Ausweis kopiert und hinter die Handelspapiere geheftet wird. Bei weniger als 15.000 Euro werden Sie nach Ihrem Namen gefragt, der Ausweis muss aber nicht verlangt werden. Die Trödlerverordnung, wonach jedes Verkaufsgeschäft nur mit legitimierten Personen erfolgen darf, gibt es nicht mehr. Bleibt die Frage, ob Sie einzelne Schritte dieser Kette gern auslassen würden.

Generell gilt, der Edelmetallkauf von heute ist morgen bereits Vergangenheit. Wenn Sie also heute kaufen und zu einem fernen Tage eine Auswertung über alle getätigten Edelmetallgeschäfte gefahren würde, in der Ihre Order dann zutage gefördert würde, so wäre darüber im wahrsten Sinne des Wortes bereits etwas Gras gewachsen. Dieser zeitliche Abstand ist für Sie als ehemaligen Edelmetallkäufer von Vorteil, denn dies bedeutet, dass Ihr Edelmetall längst verliehen, verloren, verschenkt oder vererbt worden sein kann. Es könnte Ihnen auch gestohlen worden sein oder Sie haben es schlicht weiterverkauft. Ein alter Datensatz ist ein unattraktiver Datensatz. Anleger, die solche Erklärungsnöte von vornherein ausschließen wollen, vermeiden die Anlage von Datensätzen zu ihrem Edelmetallkauf.

Online

Im Online-Geschäft, also im Einkauf von Edelmetallen über das Internet, unterliegen Sie zwar nicht den Zwängen der normalen Öffnungszeiten und haben es logistisch auch einfacher, anonym sind Sie jedoch trotzdem nicht – einerlei, ob Sie mit oder ohne Registrierung auf der Händlerplattform kaufen.

Sie greifen auf das Online-Angebot des Anbieters zu und überweisen diesem nach Bestellung von Ihrem Konto. Ihre Spuren im Internet sind verhältnismäßig einfach nachzuhalten und billig zu speichern. Eine Kontoansprache wird erst recht dokumentiert und ist lange, mindestens zehn Jahre, und zudem auch für staatliche Stellen offen einsehbar. Darüber hinaus ist der Händler noch zu einer mindestens sechsjährigen Archivierung seiner geschäftsprozessrelevanten Unterlagen verpflichtet. Sendet der Händler Ihnen die Bestellung, so ist Ihre Adresse damit ein Teil seines Archivs der nächsten Jahre geworden.

Zugleich veralten die Aufzeichnungen und büßen dadurch wie oben bereits ausgeführt an Attraktivität ein. Filmaufnahmen von Personen entfallen bei dieser Ordermethode, oft entfällt auch die Kontrolle, ob Käufer und Überweiser überhaupt dieselbe Person sind, ein Plus ist auch der Lieferservice direkt nach Hause oder zu einer anderen Kontaktadresse.

Verrechnet

Nahezu alle Banken und Sparkassen sind dazu übergegangen, Edelmetalle lediglich gegen Verrechnung mit einem institutsinternen Konto zu verkaufen oder auch anzukaufen. Dies ist bequem für die Bank, hat jedoch den Nachteil der weitgehenden und unbedingten Dokumentation Ihres Geschäfts. Ferner können Sie natürlich auch nur als Kunde mit einem bereits vorhandenen Konto handeln. Die Neueröffnung eines Kontos zum Zwecke des Edelmetallerwerbs wird erfahrungsgemäß nicht gern gesehen. Verrechneter Edelmetallhandel wird überwiegend als Serviceleistung gesehen, als eine Last, die man als Institut nur für Bestandskunden auf sich nimmt.

Bei guten Handelskursen oder falls Diskretion und Anonymität für Sie keine Rolle spielen, kann die Verrechnungsmethode zweckmäßig und vorteilhaft sein.

Kopiert

Edelmetallgeschäfte unterliegen in Deutschland ab einer Höhe von 15.000 Euro einer Dokumentationspflicht. Das bedeutet, der Händler muss jeden Einkauf ab 15.000 Euro aufwärts so erfassen, dass die wirtschaftlich berechtigte Gegenpartei identifizierbar ist. Bei gemeinsam auftretenden Ehepartnern wird bei Bargeschäften von gemeinsamer Veranlagung und einer wirtschaftlichen Einheit ausgegangen – es gilt dann die Freigrenze nur einmal.

Bei Edelmetallverkäufen von privat an den Handel oder die Bank muss ebenfalls bei Beträgen ab 15.000 Euro aufwärts unbedingt die Identität des wirtschaftlich berechtigten Verkäufers festgestellt und festgehalten werden. Üblich ist die Abschrift der Nummer, Gültigkeit und ausstellenden Behörde oder schlicht die Kopie von Ausweisdokumenten wie Personalausweis oder Reisepass.

Anonym

Anonymität im Edelmetallgeschäft ist ein alter Brauch, wird oft gewünscht und hat sogar handfeste Gründe: nicht nur diverse geschichtlich belegte Goldverbote und der politische Einfallsreichtum in Steuerfragen, sondern auch Überlegungen im Hinblick auf alternativen Vermögensschutz. In Zeiten fast gläserner Konten- und Versicherungsstrukturen liegt beim Kauf von Edelmetall der Wunsch nach Diskretion bis hin zur weitgehenden Anonymität nahe. Wie weit die Diskretion gehen kann, wird Ihnen hier aufgezeigt.

Gegen Bargeld

Der Kauf von Edelmetall gegen Bargeld ist diskret und kann sogar bis zum Anonymitätserhalt reichen. In Deutschland müssen den gesetzlichen Bestimmungen zufolge laut GWG ab 15.000 Euro die Personalien erfasst werden. Mehrfachkäufe mit bewusster Stückelung auf Beträge unter 15.000 Euro muss ein Händler aufgrund des Verschleierungsverdachts dem jeweils zuständigen Geldwäschebeauftragten anzeigen. In der Schweiz sind die Edelmetallvertriebe oft nur von 5.000 bis 10.000 Schweizer Franken zu anonymen Geschäften bereit; die Grenze liegt hier offiziell ebenfalls bei 15.000 Euro bzw. 25.000 Schweizer Franken.

Natürlich wird Ihr Edelmetallhändler Ihre Personendaten, die er bei Überschreiten der Freigrenze erhalten hat, nicht aus eigenem Antrieb weitergeben; bei ordnungsgemäßer Anfrage von Finanzamt oder Staatsanwaltschaft werden Händler jedoch die Kundendaten zugänglich machen.

Gänzlich anonym kann ein Edelmetallkauf dann verlaufen, wenn Sie bei einem Edelmetallhändler gegen Barzahlung und ohne Voranmeldung oder Reservierung innerhalb der gegebenen Freigrenzen kaufen. Zwei Ehepartner gelten als wirtschaftliche Einheit – möglicherweise ist die einzelne Geschäftsbesorgung gelegentlich sinnvoll. Ein Verkauf gegen bar ist etwas komplexer und in der Regel anonym nicht möglich.

Bargeldgeschäfte zwischen Privatpersonen sind oft weitgehend anonym. Alle Bedeutung kommt im letzteren Fall dem Handelsgegenüber zu. Von seiner Person und gegebenenfalls seiner Begleitung hängen neben vielen anderen Aspekten auch die Wahrung der Diskretion und Ihre persönliche Sicherheit ab.

Gegen Edelmetall

Im Rahmen eines Tauschgeschäfts können Sie Edelmetalle mit Edelmetallen aufwiegen. Dies könnte sich beispielsweise als Konsequenz aus der Verschiebung der Silber-Gold-Ratio anbieten, wenn Silber zu Gold nicht mehr wie heute bei etwa 1/50, sondern bei 1/25 steht und Sie für Ihren Silberbestand die doppelte Menge Gold im Vergleich zu heute bekommen. Ein solcher Privattausch findet nur auf Ihren ausdrücklichen Wunsch statt. Wünschen Sie keine Dokumentation, so wird auch keine durchgeführt und Sie bleiben weitgehend unerkannt. Sie verabreden sich telefonisch, via Fax oder mit Hilfe von Online-Foren auf unverbindliche Art und Weise und benötigen keinen Ausweis, kein Konto, ja nicht einmal Bargeld. Verständlicherweise ist diese Geschäftsart mit einer Bank oder einem Händler nicht realisierbar.

WAHL DER RICHTIGEN
ECHTHEITSPRÜFUNGEN

Zweifel an der Echtheit von Edelmetallen können Sie auf unterschiedlichem Wege ausräumen. Wenn Sie Ihre Zweifel beseitigen wollen, ist
es wichtig, dabei den Eskalationsweg der Prüfmethoden einzuhalten.
So wählt man zunächst die Prüfung mit einfachen und zerstörungsfreien Methoden und erst anschließend Methoden, die aufwändiger
sind und das Material angreifen. Sollten danach noch Unsicherheiten
bestehen, müssten Sie in einem letzten Schritt das fragwürdige Material komplett einschmelzen und labortechnisch untersuchen lassen.

Zerstörungsfrei

Zerstörungsfreies Testen eignet sich insbesondere für die Echtheitsprüfung von Münzen, bei denen die Unversehrtheit des Stückes einen wesentlichen Einfluss auf den Wert hat. Es gibt mehrere Test-
verfahren, die allesamt wertverlustfrei für den geprüften Gegenstand
sind. Zudem haben Sie als kritischer Besitzer den Vorteil, bei der Prüfung einen vertretbaren Aufwand zu haben.

Sichten

Die Methode der Sichtprüfung ist einfach und effizient. Sie lässt sich
bereits dann durchführen, wenn Ihnen nur ein Bild des zu bewerten-
den Edelmetalls vorliegt. Grundsätzlich ist die unmittelbare Sichtung
des Originals durch nichts zu ersetzen. Die Sichtprüfung eignet sich

insbesondere für Stücke, die reich an Merkmalen sind. Vor allem sind dies natürlich Münzen, bei denen eine Fälschung technisch sehr aufwändig ist.

Achten Sie bei der Sichtprüfung darauf,

➤ dass der Glanz Ihres Prüfgegenstandes materialtypisch silbern oder golden ist;
➤ dass Merkmale wie ein sauberer Perlenkranz, kleine tropfenförmige Erhebungen direkt am Rand der Münze wie bei 20-Mark-Münzen oder die sogenannte Rändelung, eine feine, fortlaufende Riffelung um den Rand der Münze wie beim Krügerrand, sauber sichtbar ausgearbeitet ist;
➤ dass die Abnutzungsspuren produkttypisch sind;
➤ dass Feingold nach purem Gold und ein Krügerrand oder eine andere aus Gold und Kupfer gemischte (legierte) Münze wie das Vreneli, die 20 oder 10 Mark in Gold, die Pfundmünzen etc. entsprechend rötlich dunkler wirken;
➤ dass gegebenenfalls produktionstypische Merkmale wie Erkaltungsringe auf der Oberseite oder Abdrücke von erstarrten Tropfen, die zuerst in die Gussform gefallen sind, auf der Unterseite bei gegossenen Barren vorhanden sind;
➤ dass leichte Feilspuren bei Goldbarren ein Zeichen von Echtheit sind, da diese in der Produktion etwas übergewichtig vorgefertigt und hernach exakt eingewogen werden.

Bei Silber können Sie gelbliche oder bräunliche oder schwärzliche Patinaspuren, die nichts anderes als Oxidation sind, als Zeichen von Echtheit ansehen. Im Zweifel fragen Sie einen Fachmann. Vergewissern Sie sich bei Bedarf durch einen zweiten Experten.

Vergleichen

Eine weitere Möglichkeit der Echtheitsprüfung ist die Vergleichsmethode. Vergewissern Sie sich, dass der Prüfgegenstand mit anderweitig in den Bestand gekommenen Stücken gleicher Machart in allen Merkmalen übereinstimmt.

Wiegen

Unbeschädigte, echte Edelmetallmünzen und -barren müssen bei gleichem Volumen stets den angegebenen Gewichten entsprechen. Toleranzen sind nur minimal akzeptabel. Zu beachten ist, dass herkömmliche Feinwaagen nicht unbedingt die zweite Nachkommastelle berücksichtigen und diese zur Echtheitskontrolle auch nicht ausschlaggebend ist. Ferner sollten Sie bedenken, dass Umlaufmünzen und unreine Anlagemünzen brutto mehr wiegen als das reine Goldgewicht der enthaltenen Unze Gold (entspricht 31,1035 Gramm). Wird im Zusammenhang von Edelmetallgewichten von Unzen gesprochen, so ist stets eine troy ounce gemeint. Dabei geht das Wort »troy« auf die französische Stadt Troyes zurück, einen mittelalterlichen Handelsplatz. Das Wort Unze leitet sich aus dem Lateinischen »uncia« für ein Zwölftel ab.

> 1 Unze = 1/12 troy pound = 20 pennyweight = 480 grain
> = 31,1034768 g

Münze	Bruttogewicht	Feingewicht
10 Vreneli	3,226	2,905
20 Vreneli	6,450	5,810
1/10 Krügerrand	3,393	3,110
1/4 Krügerrand	8,482	7,780
1/2 Krügerrand	16,965	15,550

1 Krügerrand	33,930	31,104
5 Goldmark	1,991	1,792
10 Goldmark	3,983	3,584
20 Goldmark	7,965	7,168
1/2 Pfund/Sovereign	3,994	3,660
1 Pfund/Sovereign	7,988	7,320
10 Kronen	3,387	3,045
20 Kronen	6,775	6,090
100 Kronen	33,875	30,480
1 Dukat	3,49	3,440

Vermessen

Mit einfachem Messwerkzeug wie einem Lineal lassen sich Münzen und Barren mit etwas Übung erfreulich genau vermessen. Ideal für die Ermittlung von Randstärke und Durchmesser geeignet ist eine Schieblehre. Bei gegossenen Barren sind Fertigungstoleranzen und unterschiedliche Messwerte weitaus eher verzeihlich als bei Münzen oder gestanzten Barren, wo sie aber auch bspw. American Buffalo oder Silber Eagle vorkommen.

Klingen

Münzen weisen ein für die jeweilige Ausprägung charakteristisches Klangbild auf. Silbermünzen klingen beim Aufschlag auf eine Marmor- oder Granitplatte hell. Früher waren in Bankierstische Marmorplatten eingelassen, um die Zahlung »in klingender Münze« nicht nur zu verlangen, sondern auch zu bekommen. Wenn Sie die Gelegenheit haben, so vergleichen Sie einmal den Klang beliebiger Silbermünzen mit dem einer modernen Euro-Münze.

Barren weisen, schwingungsfrei gelagert und dann mit einem harten Gegenstand (Vorsicht: Die Folge sind Beschädigungen, die zu einen Preisabschlag beim Verkauf führen können) angeschlagen, ebenfalls einen charakteristischen klaren Materialklang auf. Die Klangmethode eignet sich zum Vergleich von zwei gleichartigen Stücken. Bei dieser Methode kann es zu wertmindernden Beschädigungen kommen, seien Sie daher vorsichtig

Leitfähigkeit

Die hohe Leitfähigkeit der Edelmetalle kann ebenfalls zur Echtheitsprüfung herangezogen werden. Aufgrund des geringen Widerstands der kompakten Anlagestücke sind hierfür allerdings aufwändigere Instrumente erforderlich.

Volumen

Eine recht einfache Hausmethode ist die Volumenbestimmung durch Flüssigkeitsmessung. In einem Messbecher mit vorgefülltem Wasserstand lässt sich die Volumenverdrängung der eingebrachten Probe ermitteln. In Kombination mit dem Gewicht außerhalb des Wassers lässt sich das spezifische Gewicht ermitteln.

Beispiel: Ein Kilobarren, 999,9 Feingold, weist ein Volumen von ca. 51,76 cm^3 per Messergebnis aus. 51,76 cm^3 x dem spezifischen Gewicht von Gold = 19,32 g/cm^3 macht recht genau 1.000g. Klassische weitere spezifische Gewichte sind: Silber: 10,49, Platin: 21,45 und Palladium; 11,99 g/cm^3. Gibt es durch Legierung wie beim Krügerrand zum Beispiel zusätzlich enthaltene Metalle, so haben diese folgende Volumengewichte: Kupfer 8,96, Nickel 8,9 g/cm^3.

Für einige Münzsorten gibt es spezielle Schablonen zum Prüfen der Abmessungen. Mithilfe solcher Schablonen lassen sich schnell der Durchmesser und die Höhe der Münze testen; eine exakte Wissenschaft ist diese Methode natürlich nicht. Von Vorteil gegenüber anderen Methoden ist die Prüfgeschwindigkeit. Erforderlich ist aber eine jeweils korrekte Schablone. Eine gewisse Ungenauigkeit bleibt.

Zerstörend

Sind die Möglichkeiten der zerstörungsfreien Prüfmethoden erschöpft, so müssen Sie zu Methoden greifen, bei denen das zu prüfende Material nicht unversehrt bleibt. Wertvolle Gegenstände können dadurch also eine Wertminderung erfahren.

Prüfsäure

Eine in der Praxis beispielsweise bei Schmuckankäufern weit verbreitete Art der Materialprüfung ist der Säuretest. Er ist relativ einfach, schnell und kostengünstig. Der zu prüfende Gegenstand wird auf einem Stein so gerieben, dass er eine leichte Abriebspur erzeugt. Dieser Abriebstrich wird dann stellenweise mit unterschiedlich starken Säuren – zunächst mit milden, dann stärkeren – versucht aufzulösen. Bleibt die Abriebmarkierung bestehen, so kann man jeweils an der Säureintensität ablesen, wie hochwertig die Legierung des Materials ist. Je widerstandsfähiger der Strich, umso feiner das Material. Bei Gold lassen sich so verhältnismäßig einfach die Unterschiede zwischen 333er, 500er und 585er Gold etc. ermitteln. Natürlich bleiben auf dem Schmuckstück, der Münze oder dem Barren nach der Prüfung unschöne Kratzer vom Abrieb zurück. Auch kann mit dieser Methode nur eine Stelle des Materials geprüft werden. Der Verschluss einer Kette beispielsweise kann eine andere Feinheit haben als die Kette selbst und die Feinheit kann nur »in etwa« taxiert werden.

Bohrung

Die Bohrung ist die wohl radikalste Echtheitsanalyse. Sie wird selten als solche allein angewendet; der Bohrung geht in der Regel das komplette Einschmelzen des oder der zu prüfenden Gegenstände voraus. Nach dem Einschmelzen und guten Rühren der Masse erkaltet diese in Barrenform. Dieser Rohbarren wird einmal auf seiner Unterseite und diagonal versetzt auf der Oberseite ein zweites Mal angebohrt. Die Bohrspäne werden unabhängig voneinander labortechnisch, unter anderem mit Röntgenspektrograph, analysiert. Nur wenn beide Proben zu einem identischen Ergebnis führen, wird dies weiter verwendet. Ergibt sich kein einheitliches Ergebnis, so wird der Vorgang wiederholt.

Diese Methode wird aufgrund ihres technischen und zeitlichen Aufwandes nur von Scheideanstalten durchgeführt. Sie eignet sich zum Analysieren großer Mengen sehr unterschiedlichen Materials, sie erfasst neben Gold auch in der Legierung enthaltenes Silber, Platin und Palladium. Angewendet wird diese Methode beispielsweise für das Schmelzgoldangebot im Schmelzgoldankauf des Fachhändlers pro aurum und kann auch bei kleinen Mengen zu günstigen Konditionen einen gesteigerten Ertrag bringen.

Wahl der richtigen Aufbewahrung

Spätestens mit der Inbesitznahme eigenen Edelmetalls stellt sich die Frage, wo es verwahrt werden soll. Grundsätzlich gibt es zwei Varianten. Sie können Ihr Edelmetall in Eigenorganisation lagern oder sich professionelle Unterstützung suchen. Die Vor- und Nachteile werden im Folgenden näher erörtert.

Lagermöglichkeiten

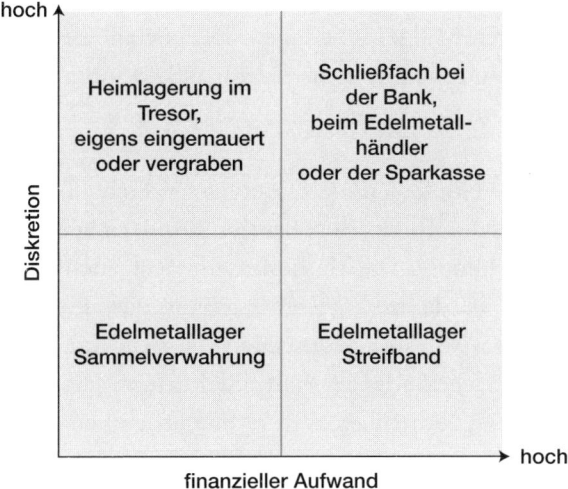

Eigenlagerung

Um ihrer Rolle als letzte Sicherheit gerecht zu werden, ist es günstig, wenn Sie auf Ihre eigene Edelmetallreserve unmittelbaren Zugriff haben. Dies ist insbesondere dann der Fall, wenn Sie vollkommen unabhängig von anderen jederzeit darauf zugreifen können.

Bei der Eigenlagerung zu berücksichtigen sind der Reihenfolge nach:

➤ Geheimhaltung
➤ Streuung
➤ Tarnung
➤ Passivabsicherung
➤ Versicherung
➤ Aktivbewachung

Die wohl wichtigste Methode, um eigene Edelmetallbestände wirkungsvoll vor ungewolltem Zugriff zu schützen, ist die Geheimhaltung. Je weniger Mitmenschen von Edelmetallbeständen wissen, desto weniger sind nicht nur die Edelmetalle, sondern auch der Eigentümer gefährdet.

Zugleich ist es empfehlenswert, unterschiedliche Depots anzulegen. Damit wird ein Totalverlust bei der Plünderung eines einzelnen Großdepots vermieden. Die Methode nennt sich auch »Prinzip Eichhörnchen« und ist dadurch gekennzeichnet, dass hier und da eine Nuss vergraben wird. Andere sprechen von dem Rat, nicht alle Eier in einen Korb zu legen oder alles auf eine Karte zu setzen. Die Depotdiversifikation trägt erheblich zu Ihrer Sicherheit bei.

Tarnung und Passivabsicherung sind enge Verwandte. Unter Umständen ergibt sich zwar ein Sicherheitsvorteil, wenn zur Ablenkung ein besonders auffälliger Tresor zum Plündern aufgestellt wird; die wesentlichen Aufbewahrungsstellen sind jedoch besser dezenter Art. Geeignet sind Wand- und Möbeltresore, die vollkommen in den Alltag integriert oder verkleidet sind. Ein Tresor ist gegenüber der Einmauerung oder Einbetonierung zu bevorzugen, da er wesentlich alltagstauglicher ist. Ein- und Auslagerungen sind bei vergleichbarem

Sicherheitsniveau deutlich einfacher vorzunehmen. Zahlenkombinationen verhindern, dass bei einem Einbruch, wenn der Tresor entdeckt ist, die Wohnung nach dem Schlüssel durchwühlt wird. Auf billige Baumarkttresore sollte nach Möglichkeit verzichtet werden. Schlüsseldienste und Sicherheitsfachgeschäfte bieten hervorragende Qualitätsware, der Preis ist in der Regel Verhandlungssache – besonders dann, wenn zur Streuung gleich mehrere kleine Einheiten beispielsweise Sicherheitsklasse B erworben werden.

Versicherung und Aktivsicherung sind zumeist unpraktikabel. Wenn entsprechende Passivsicherung durch Tresore gegeben ist. Das Diebstahlrisiko bei zufälligem Einbruch ist – bis auf einige bevorzugte Einbruchsgebiete – gering, vor allem wenn Sie die Regeln der Geheimhaltung, Streuung, Tarnung und des Passivschutzes berücksichtigen. Einbrecher halten sich in Deutschland meist weniger als zehn Minuten im Objekt auf und haben in dieser Zeit nur sehr eingeschränkte Möglichkeiten, mehrere versteckte und verankerte Tresore zu finden und noch zu öffnen.

Eine gesonderte Versicherung hebt Ihre möglicherweise mühsam gewahrte Anonymität auf und ist übrigens für den schlimmsten Fall einer Währungsreform überflüssig. Bis dahin hat sie für besorgte Naturen natürlich einen gewissen Sicherheitseffekt.

Schließlich werden im Eigenbestand praktischerweise auch bevorzugt die Bestände verwaltet, die griffbereit für das Ungemach einer vorübergehenden Krisenzeit gedacht sind. Dieser Bestand ist überschaubar und besteht zum Großteil aus Silbermünzen, die als geringwertige Tauscheinheiten dienen sollen. Diese üben bei Einbrüchen meist einen geringen Reiz aus. Legen Sie lieber einen 50-Euro-Schein gut sichtbar aus und entgehen Sie damit der Wohnungsverwüstung.

Fremdlagerung

Fremdlagerung ist dann interessant, wenn Edelmetallbestände in einem Volumen zu lagern sind, das Ihre eigenen Möglichkeiten übersteigt. Außerdem ist die Lagerungsmöglichkeit im Ausland im Rahmen der Bestandsstreuung über Fremdlageranbieter einfach zu handhaben. Fremdlager sind zudem in aller Regel mit entsprechendem Versicherungsschutz ausgestattet und erlauben Ihnen als Eigentümer den Zu- oder Verkauf von Edelmetallen per Fax/Mail und ohne persönliche Gegenwart.

Zu beachten bei einer Fremdlagerung sind:

➤ Anbieter
➤ Angebot
➤ Ort

Der Anbieter hat über Zweifel erhaben zu sein, der Leumund muss erstklassig sein. In der Regel machen auf Edelmetalllagerung spezialisierte Unternehmen passgenaue Angebote.

Das Angebot muss klar und eindeutig sein. Eine Sammelverwahrung ist in der Regel – aus pragmatischen Gründen für den Anbieter und Kostengründen für Sie – die geeignete Form. Alternativ kommt natürlich die Schließfacheinlagerung in Betracht.

Der Ort des Lagers sollte klar definiert sein. Es bestehen Unterschiede zwischen der Schweiz, Österreich und Deutschland, und im Fall der Fälle muss man wissen, wohin man sich zwecks Übergabe wendet.

Kriterien für die Fremdlagerung sind:

➤ hundertprozentige Einlagerung der Edelmetallbestände wie erworben

➤ jederzeitige Auslieferungsmöglichkeit per Abholung und oder Versand
➤ Vollversicherung der Bestände gegen Diebstahl
➤ unbefristete Einlagerung der Edelmetalle
➤ Ausschluss des Lageranbieters an der Kursentwicklung der Edelmetalle im Rahmen einer performance fee zu profitieren
➤ Ausschluss der Handelsnutzung oder Vermietung, Verleihung der Edelmetalle
➤ regelmäßige Sichtung der Bestände durch einen unabhängigen Prüfer
➤ klare Gebührenaufstellung und nachvollziehbare Berechnung.

Banken

Banken bieten entweder Schließfächer oder Sammellager an. Goldkonten sind kein Lagerangebot von Edelmetallen, da sie nicht die 1:1-Einlagerung, sondern nur eine Quote aufweisen.

Bei Schließfächern ist vorteilhaft, dass sie in der Regel gut und einfach erreichbar sind. Allerdings spricht dagegen, dass in einem Fall vorübergehender Bankfeiertage und Neuordnung des Währungssystems in entscheidenden Tagen der Zugang nicht möglich ist. Banken müssen zudem Pflichtmitteilungen über den Tod von Schließfachhaltern machen. Dies ist von Ihnen nicht immer gewünscht. Der Versicherungsschutz klassischer Bankschließfächer ist auf das Niveau von 5.000 bis 30.000 Euro begrenzt und lässt sich nicht unbedingt anpassen. Zu guter Letzt stellt man sich als Kunde der Bank gegenüber neben Kontobewegungen, Aktiendepot und Hausfinanzierung zusätzlich offen dar, wenn auch das Schließfach bei dieser liegt. Auch mag manchen Bürgern der ehemaligen DDR noch die »Aktion Licht« in Erinnerung sein, bei der reihenweise Schließfächer geöffnet wurden.

Lagerhäuser

Private Anbieter von Schließfachanlagen und Edelmetalllagern gibt es zusehends am Markt. Oftmals übernehmen sie aufgegebene Immobilien der Bankenlandschaft und eröffnen sie auf Edelmetallbedürfnisse abgestimmt neu.

Anbieter in diesem bereich sind beispielsweise:

> ➤ pro aurum mit Schließfächern an verschiedenen Standorten, einem Zollfreilager in der Schweiz und Edelmetalldepots in München und Wien.
> Telefon: 089/4445840
> Mail: info@proaurum.de
> ➤ EMS Wareneinlagerung mit Schließfachangebot in Heidenheim
> Telefon: 07323/9201392
> Mail: info@wareneinlagerung.de

Wahl des richtigen Ausstiegs

Edelmetallreserven können entweder zurückgewandelt werden in aktuelles Zahlungsmittel oder aber vererbt oder verschenkt werden. Im Folgenden soll es um die Umwandlung in Zahlungsmittel oder andere Sachwerte gehen. Ein solcher Ausstieg ist dann ratsam, wenn Edelmetalle überbewertet sind. Eintreten kann dies in einer Massenpanik, einer generellen Flucht in Edelmetalle.

Der richtige Ausstiegszeitpunkt ist mit großer Wahrscheinlichkeit dann, wenn

➤ allgemein in den Medien zu Edelmetallen geraten wird
➤ die empfohlene Gewichtung am Gesamtvermögen deutlich ausgeweitet wird auf mehr als 20 Prozent
➤ der Markt hochliquide ist und die Abschläge der Ankaufkurse durch den Handel und mehr unter den Spotmarkt sinken als 8 Prozent
➤ wie im letzten Hoch wieder rund 30 Prozent der Menschen hierzulande im Edelmetallmarkt investiert sind
➤ die Preiskurve einer am Ende nahezu senkrechten Parabel gleicht und
➤ Sie selber am liebsten von Ihrem letzten Geld Edelmetalle kaufen würden.

Meist werden auch Realgüter wie Öl, Holz, Getreide und Boden im Vergleich zu Edelmetallen erheblich günstiger. Platin und Palladium erreichen dieses Stadium vermutlich vor Silber und Gold.

Je nachdem, welche finanzielle Rolle Silber und Gold zukünftig spielen werden, ist ein Ausstieg überhaupt nicht nötig. Dies wäre dann der Fall, wenn diese Edelmetalle selber wieder Währungscharakter bekommen sollten.

Grundsätzlich ist beim Verkauf zu empfehlen, mehrere Angebote zu vergleichen und dem Angebot den Zuschlag zu erteilen, das hinsichtlich Abwicklungsorganisation, Kursgestaltung und Zuverlässigkeitsprognose geeignet ist.

Außerplanmäßiges Entsparen

Beim außerplanmäßigen Entsparen kann der Verkaufspreis nur bedingt beeinflusst werden. Der Verkäufer ist von der herrschenden Marktsituation abhängig und zudem unter Zeitdruck – eine unglückliche Konstellation für einen Verkauf. Verursacht werden kann eine solche Situation durch übermäßig knappe Liquiditätsplanung, was auf eine törichte Anlageüberlegung schließen ließe.

Grundsätzlich ist zu beachten, dass physische Edelmetalle nur mit starker Hand gehalten werden. Ein Kauf bis an die absolute Liquiditätsgrenze oder sogar auf Kredit führt zu ungewollten Ereignissen wie liquiditätsbedingter Auflösung der Edelmetallreserve. Manövrieren Sie sich nicht sehenden Auges in eine solche Situation.

Goldverbotsfall

In dem nicht vollkommen ausgeschlossenen Fall eines staatlichen Verbotes von Goldbesitz verschieben sich einige Konventionen. Wie in Goldverbotsfällen aus der Geschichte haben Anleger mehr oder minder freie Wahlmöglichkeit,

1. ihr Gold oder auch andere Edelmetalle zu einem vorgeschriebenen Kurs abzugeben und damit weiterhin auf der legalen Seite zu bleiben;

2. ihr Gold oder auch andere Edelmetalle zu behalten, eine markttypische Aufwertung zu erfahren und sich damit auf die dann illegale Seite zu begeben;

3. einen Teil der Goldbestände abzugeben und sich damit eine quittierte Ausrede zu erkaufen;

4. gemeinsam mit den Edelmetallen das Land zu verlassen und dorthin zu gehen, wo andere Rahmenbedingungen herrschen;

5. die im Inland gelagerten Goldbestände abzugeben und die abseits hiesiger Grenzen gelagerten Edelmetallbestände einfach zu halten.

Edelmetalle außerhalb des jeweiligen Staates, die möglicherweise in der Schweiz lagern, sind gesondert zu betrachten. Der Besitz von Goldbarren und Goldmünzen lässt sich nur phasenweise verbieten und dies auch nur auf wenige Orte dieser Welt begrenzt, nicht auf alle zugleich. Ein Verbot von Silber und anderen Weißmetallen ist grundsätzlich wesentlich schwieriger, da diese mehr als Gold einen industriellen Charakter haben.

Besser und schneller umsetzbar als ein Goldbesitzverbot ist im Übrigen ein Handelsverbot und/oder ein Einfuhrverbot, so wie es kürzlich in Thailand praktiziert wurde.

Unglücksfall

Im Leben gibt es nicht zu versichernde Unglücksfälle. Über das Internet finden sich Möglichkeiten für einen Privatkredit gegen Edelmetall; erlesene Privatbanken bieten bisweilen auch eine Verwendung von Edelmetallen als Sicherheit an. Dies führt dazu, dass Sie eigene Edelmetalle nicht direkt veräußern müssen.

Ist die Veräußerung jedoch der unumgängliche Weg, so sollten Sie mindestens zwei Angebote einholen und eigene Vergleiche anstellen, um einen guten Kurs zu bekommen. Edelmetallinteressierte Privatinvestoren bieten oftmals bessere Konditionen. Diese sollten sich zwischen Kauf- und Verkaufskurs renommierter Anbieter bewegen. Damit können Privatnachfrager ein geeigneter Handelspartner sein. Wenn es jedoch schnell gehen muss und die Reputation des Gegenübers nicht geprüft werden kann, so ist der renommierte Händler oder die Bank in aller Regel erste Wahl.

Planmäßiges Entsparen

Am besten ist es, Sie können Ihre Geschäfte mit aller Ruhe erledigen. Dies gilt auch für den besonnenen Ausstieg einer Investition. Dabei sollten Sie sich zuerst einmal klar werden, in welchem Konjunkturzyklus Sie sich gerade befinden.

Wie beim Einstieg auch ist es empfehlenswert, den Verkauf zu strecken. Der maximale Kurs ist kaum zu erwischen und ein Durchschnittskurs lässt sich mit mehreren Verkaufsgeschäften erzielen. Ebenfalls wie beim Einkauf sind bei größeren Mengen bessere Orderbedingungen möglich. Fragen Sie Ihren Geschäftspartner ruhig danach.

Altersbedingt

Streben Sie eine Rente auf Basis Ihrer Edelmetallbestände an, so ist es ratsam, den Verkaufszeitpunkt in einem intakten Aufwärtszyklus so zu wählen, dass er möglichst nah an dem Zeitpunkt liegt, wenn die erzielten Erlöse konsumiert werden sollen.

Grundsätzlich gilt bei Edelmetallen der Leitspruch, dass sie gekauft aber nicht verkauft, sondern vielmehr vererbt werden. Gleichwohl ist bei überproportionaler Investition, aus einem Aufwärtszyklus kommend, das Abschmelzen von Edelmetallbeständen unumgänglich. Achten Sie darauf, dass Sie sich bei einem Zykluswechsel frühzeitig von dem Teil Edelmetall trennen, der über ein Grundinvestment von 5 Prozent Ihres Gesamtvermögens hinausgeht.

Diversifikationsbedingt

Rein theoretisch kann der Fall eintreten, dass Sie bei einer angestrebten Investitionsquote von X Edelmetall veräußern müssen, weil es im Kurs gestiegen ist. Sie haben also ursprünglich 33 Prozent Barmittel, 33 Prozent Edelmetalle und 33 Prozent Immobilien. Nun werten Edelmetalle auf, verdoppeln sich im Preis und Ihre Aufstellung ist durcheinander. Dann Edelmetalle zugunsten von Barmitteln und Immobilien zu veräußern ist – so wir nicht in einer Preisblase bei Edelmetallen sind – unklug.

Lechzt jedoch die ganze Welt nach Ihrem Edelmetall und sind obige Punkte für eine Blasenbildung erfüllt, so ist die Umschichtung ratsam, und Sie handeln damit richtig.

BEISPIELANLEGER

Die folgenden Beispiele sollen Ihnen als Anleger helfen, die Theorie in die Praxis umzusetzen.

Kinder (bis 14 Jahre), nicht »geschäftsfähig«

Peter bekommt seine allerersten Anlagen von Verwandten oder Bekannten geschenkt. Geschenke in purem Edelmetall sind vollkommen ohne wirtschaftliche Verpflichtung, sind also unbedenklich und bedürfen lediglich einer guten Verwahrung. Sparverträge in Verbindung mit Edelmetall sind zwar zumeist auch positiv und mit so gut wie keinen wirtschaftlichen Verpflichtungen versehen, was wichtig ist für ein Geschenk. Es sollte bei Sparverträgen genau abgewogen werden, was die Nebenkosten sind und wie sich die Vertragsmodalitäten wie Laufzeit und Auslieferungsmöglichkeit gestalten. Schließlich ist interessant, ob am Ende der gewünschte Spareffekt für Peter tatsächlich realisiert werden kann. Allein abschließen kann er solche Verträge natürlich nicht.

Bei der Verwahrung der kleinen Barren oder besser noch kleinerer Anlagemünzen mit regionalem Bezug ist Peter auf einen Vormund angewiesen. Schließfächer und Lager lassen sich zumeist nicht direkt für Kinder einrichten. Allerdings fällt das Kursrisiko bei seinem Alter wenig ins Gewicht. Kursschwankungen verlieren vor dem zeitlichen Anlagehorizont an Bedeutung und können leicht überwunden werden. Das Kursrisiko hat den Gesetzgeber jedoch dazu bewogen, Edelmetalle als nicht mündelsicher einzustufen. Dies bedeutet, dass eine Erbschaft, die Peter aus dem Verwandtenkreis erhält und die in Euro lautet, nicht ohne Rücksprache mit dem Vormund in Edelmetallen konserviert werden kann.

Der Umgang mit echten Edelmetallen übt auch auf Kinder einen einzigartigen Reiz aus und fasziniert sie. Die Vermittlung echter Sachwerte ist mit Gold und Silber ohne viele Worte möglich.

Jugendliche (14 bis 18 Jahre), nicht »volljährig«

Jugendliche, die Geschenkbeträge, Taschengeld oder die Früchte erster eigener Arbeit investieren wollen, sind oft aufgeschlossen gegenüber Chancen und nehmen gleichzeitig ein entsprechend erhöhtes Risiko in Kauf.

Anna hat eigene Ersparnisse auf ihrem Sparbuch und bessert ihr Taschengeld gelegentlich als Babysitter beim Nachbarskind auf. Sie erwirbt Silber, denn hier hat sie die Möglichkeit, große unterschiedliche Münzen direkt zu erwerben. Sie nutzt problemlos den Bezugsweg über Internet, denn Computer und Online-Shops sind für sie alltäglich. Natürlich lässt Anna sich die Schätze ausliefern und verwahrt diese in einem kleinen eigenen Tresor, verankert in der Wand des elterlichen Zimmers. Diese Aufbewahrung ist für sie am besten, denn die Werte sind überschaubar und die Kosten für ein Schließfach sind unverhältnismäßig. Auch möchte sie sich ihre Münzen oft ansehen und gelegentlich mit ihren Freundinnen darüber reden – auch wenn ihr eigentlich bewusst sein müsste, dass Geheimnisse nur dann geheim bleiben, wenn sie diese eben nicht mit der besten Freundin teilt.

Der spielerische Sammlerdrang nach unterschiedlichen Motiven, verschiedenen Münzgrößen und Prägestätten entwickelt sich unvermeidlich und ist bei geringem Gesamtumfang des Bestandes auch unproblematisch.

Silber ist bevorzugter Kaufgegenstand, denn die Münzen, die Anna mit ihren wirtschaftlichen Möglichkeiten erwerben kann, sind relativ groß und der Lagerumfang für diese ersten Schätze ist nicht übermäßig. Auch ist der Anlagehorizont weit und der Verkaufswunsch gering. Im Gegenteil: Der »Klebeeffekt« von Edelmetallmünzen bewirkt, dass Rücklagen nicht so leicht aufgelöst werden. Viel eher greift der Mensch zu klassischem Papiergeld und gibt dies an Stelle eigener Edelmetalle zur Zahlung weiter. Nach dem Greshamschen Gesetz gibt man bevorzugt das schlechtere Geld weiter und behält das gute für sich. Dies gilt bei der Entscheidung zwischen einem alten, abgenutzten und einem frischen neuen 10-Euro-Schein ebenso wie zwischen Papiergeld und Silbermünzen.

Berufstätige (19 bis 60 Jahre)

Dieter hat durch die Werbung und den Erfahrungsaustausch mit Bekannten aus seinem Umfeld die Gewissheit, dass er für sein Alter wird selber vorsorgen müssen.

Die Zeit nach dem Berufsleben wird kommen und dann stehen ihm keine Einkünfte aus Arbeit mehr ins Haus. Die staatliche Rente wird nicht seinen Vorstellungen gerecht. Als vorsichtiger Mensch beschäftigt sich Dieter bereits geraume Zeit vor dem Erreichen des Rentenalters mit dieser Herausforderung. Zudem verfolgt er eigene Sparziele anderer Art wie zum Beispiel den Erwerb eines eigenen Hauses und die Gründung und Bestandssicherung eines Unternehmens.

Dieter kauft einen Edelmetallmix bestehend aus Silber und Gold. Ganz bewusst legt er den Schwerpunkt der Investition auf Silber. Dabei achtet er darauf, die Edelmetalle an unterschiedlichen Orten aufzubewahren. Natürlich besitzt er ein Schließfach, aber auch einen Eigenbestand daheim. Dieter geht weniger von dem Fall aus, dass einmal mit Edelmetallen Tauschhandel betrieben werden muss und der

Euro nichts mehr wert ist. Zugleich möchte er jedoch für diesen Fall vorbereitet sein und kauft daher bekannte Silbermünzen. Goldmünzen, auch kleine, scheinen ihm zu teuer pro Stück, und Barren – egal aus welchem Metall – sind ihm für monetäre Zwecke kaum bekannt. Er wählt daher einen Mix aus Silbermünzen, jeweils zu einer Unze Maple Leaf, Philharmoniker, Libertad und Eagle. Entscheidend ist der Preis. Dieter kauft stets die wirtschaftlichste Münze, von Exotenmünzen mit kleinen Auflagen und hoch besteuerten Silberbarren lässt er die Finger.

Als Bezugsweg für seine Edelmetalle wählt er sowohl Online-Shops wie auch den Barkauf auf Messen und bei Edelmetallhändlern und Banken. Die Diskretion bei Barkäufen ist ihm sehr recht, denn das Damoklesschwert eines Goldverbotes ist ihm bekannt und behagt ihm nicht. Zudem ist die Anonymität beim Handel auch in anderen Lebenslagen wie etwa in einer möglichen Phase der Erwerbslosigkeit oder gar noch größerem Unglück für Dieter von entscheidender Bedeutung.

Er ist kerngesund und steht mitten im Leben, gleichwohl ist es ihm lieber, dass von seinen Vorsorgekäufen im Edelmetallbereich nur der allerengste Vertrauenskreis eine Ahnung hat. Arbeitskollegen oder Bekannten verschweigt er seine Edelmetallkäufe. Zu oft hat er anfänglich mit Begeisterung von seinem ersten Erwerb und den positiven Aussichten berichtet. Damit hat er sich wiederholt in die Nesseln gesetzt. Er hat sich mitleidig belächeln lassen müssen, und er geht davon aus, dass gerade diese Besserwisser in der Zeit, in der er mit Genuss auf seinen Edelmetallschatz zurückgreift, sich daran erinnern und ihm dann schon wieder das Leben schwer machen werden. Dann werden sie einen Teil haben wollen und das will er vermeiden.

Es gilt der Satz: Entweder ich werde beneidet oder bemitleidet, wenn ich von meinen Silbermünzen und Goldbarren berichte. Daher lässt Dieter diese persönlichen Berichte sein und redet nur ab und an ganz allgemein von Edelmetall und dass man dies haben müsste, wenn man das Geld dazu hätte.

Natürlich hat er keine Riesterrente und auch keine Kapitallebensversicherung, aber das braucht ja keiner zu wissen. Größere Rücklagen wandern bei ihm in Goldbarren oder steueroptimiert in Kilo-Silbermünzen. Auch greift er im Hinblick auf zukünftige technische Entwicklungen und zur Diversifikation gelegentlich bei Platin- und Palladiummünzen zu.

Kommt er zu größeren Anlagesummen, so wird neben den bisherigen Einlagerungsmöglichkeiten die professionelle Lagerhaltung durch Fremdanbieter interessant. Auch Zollfreilager für Weißmetalle spielen dann eine gewichtige Rolle.

Rentner (ab 61 Jahre)

Der Einfachheit halber wird dieser Lebensabschnitt willkürlich beim Alter von 61 Jahren angesetzt. Rentnerin Margret ist rüstig, gleichwohl sind ihr sämtliche Sicherheitsaspekte außerordentlich wichtig. Allzu wilde Kursschwankungen, auch bei Edelmetallen, sind ihr ein Ärgernis und wirken sich, wie sie meint, auf ihren Blutdruck und damit negativ auf ihre Lebenserwartung aus.

Margret besitzt neben einem überschaubaren Handbestand von 500 bis 1500 Unzen Silber ausschließlich Gold. Das Silber verwahrt sie in ihrem Haus verteilt auf mehrere Möbeltresore. Das Gold liegt teilweise im Schließfach ihrer Bank und teilweise in einem Depot bei einer bankunabhängigen Firma außerhalb von Deutschland. Das Risiko staatlich erlassener Bankfeiertage und auch die Möglichkeit einer Illegalisierung von Goldbesitz möchte Margret in ihrem Alter nicht voll tragen. Die Lebensleistung ist erheblich und sie und ihr Mann waren schon immer der Ansicht, dass jeder am besten selbst für sich

Sorge trägt. Vater Staat kann und will diese Vorsorge langfristig nicht sichern, zudem will sie mit der Eigenorganisation der Altersvorsorge keinem auf der Tasche liegen. Es geht um Vermögenssicherung für die nächste Generation und die Möglichkeit, die Früchte eigener Arbeit selbst in fortgeschrittenem Alter genießen zu können.

Freunden und Bekannten erzählt Margret nicht von ihrem Edelmetall, natürlich wissen aber ihre Kinder von den Edelmetallvorräten oder sollen dies durch das Testament schlussendlich erfahren. Tatsächlich sollten eigentlich die anderen finanziellen Rücklagen und auch das Haus reichen, und die Edelmetalle in Margrets Besitz sind zum Vererben gedacht, nicht aber zum Verkaufen. Ihre Enkel sollen es einmal leichter mit dem Start ins Wirtschaftsleben haben als sie. Gerne möchte Margret daher bleibenden Wert vererben. Dies wird ihrer Familie gewiss auch über den schmerzlichen Verlust der Oma hinweghelfen und dafür Sorge tragen, dass sie als pfiffige und weise Großmutter in guter Erinnerung bleibt, denkt sie sich manchmal. Die Auswirkungen der letzten Währungsreform, die sie aus den Erzählungen ihrer eigenen Familie noch gut vor Augen hat, müssen sich mit ihrem nahezu totalen Kaufkraftverlust auf alle Papiergeldersparnisse für sie und ihre Nachkommen nicht wiederholen.

Und auch ohne Enkel ließe sich der Edelmetallbestand hervorragend in eine Stiftung einbringen oder könnte dazu dienen, gar eine eigene Stiftung zu gründen.

Aufgelder und Abschläge im physischen Edelmetallmarkt

Für ein klares Verständnis des Marktgeschehens, zum Schluss des Edelmetallhandbuches, einige Ausführungen. Diese sollen die einzelnen Marktzustände greifbar und vorhersehbar machen und helfen, vorbereitet den Marktgegebenheiten ausgesetzt zu sein.

Der Edelmetallmarkt kennt tendenziell drei Zustände:

1. Volles Warensortiment und prompte Verfügbarkeit der gewünschten Edelmetallartikel und unmittelbare Gutschrift für verkauftes Material. Dieser Zustand ist bei ruhigem Geschäftsgang gegeben.
2. Knappheit an Waren und lange Lieferfristen in Zeiten extremen Nachfrageüberhangs. Solch eine Situation war zum Beispiel nach der Pleite von Lehman Brothers 2008 oder der Griechenlandkrise Anfang 2010 gegeben.
3. Überangebot an Waren und lange Zahlungsfristen in Zeiten extremen Angebotsüberhangs, bspw. im Edelmetallhoch Ende 1980.

Zu 1. Hier bewegen wir uns im aktuellen Marktumfeld, auch Bullenmarkt genannt, mit tendenziell steigenden Preisen.

Der Markt bietet in aller Regel sämtliche Münzmotive, Gewichtseinheiten sowie alle bekannten Barrenfabrikate an. Neben der Befriedigung der Nachfrage bringt der Markt hin und wieder Produktinnovationen hervor und neue Anbieter treten in den Markt ein. Die Aufgelder der Händler für physische Ware gegenüber dem reinen

Edelmetallwert sind jeweils klar begründbar durch die Produktions-
und Finanzierungskosten, die Logistik sowie den Gewinnaufschlag
und ggf. Steuerbelastung.

Die Abwicklung eines physischen Edelmetallgeschäftes dauert in
dieser Phase über anerkannte Onlineplattformen zwischen drei und
sieben Tagen. Als unmittelbarer Richtwert für Münzen und Barren
fungiert der Spotmarkt. Der Spotmarkt, auch Kassamarkt gleicht Angebot und Nachfrage durch Handel aus, die gegenseitige Erfüllungsfrist beträgt lediglich zwei Handelstage. Eine längere Erfüllungsfrist
fiele in den Bereich des Terminmarktes.

An den Edelmetallkursen der Börsen, beispielsweise www.kitcosil-
ver.com/charts.html, orientieren sich Produzenten und Händler sowie deren Kunden.

Zu 2. In einem Edelmetall-Bullenmarkt ebenfalls ab und an vorüber-
gehend vorkommend ist die nahezu komplette Räumung des Marktes.
Dann sind insbesondere keine kleineren Gewichtseinheiten mehr im
Angebot, da eine besonders hohe Anzahl an Interessenten diese Einheiten schnell erwerben kann. Die Aufgelder für physische Edelmetalle steigen in den zweistelligen Prozentbereich über den Spotmarkt.
Der Spotmarkt stellt eine natürliche Untergrenze dar, die von keinem professionellen Marktteilnehmer unterschritten wird. Der Handel zahlt Ihnen in dieser Phase für Verkäufe ein Aufgeld, auch Pre-
mium oder Agio genannt. Dieses kann über zwei Prozent und mehr
über dem aktuellen Edelmetallwert liegen. Sie können Ihre Edelmetalle überall sehr einfach verkaufen und die Händler überbieten sich
mit den Ihnen gebotenen Kursen. Beachten Sie hierzu bitte die Hinweise zu seriösem Edelmetallgeschäft im Kapitel »Fachhandel«.

Die Abwicklung eines physischen Edelmetallgeschäftes dauert in dieser Phase bis zu drei Wochen bei einem Kauf. Verkaufstransaktionen
werden zeitnah dargestellt.

Zu 3. Mündet der Preisaufschwung in einer natürlichen Blase und geht in die Abwärtsbewegung über, so wendet sich das obige Szenario ins Gegenteil. Hier spricht man von einem sogenannten Bärenmarkt oder einer Baisse. Einer breiten Front von Verkäufern stehen wenige Käufer gegenüber. Genau diese wenigen Käufer sind es jedoch, die maßgeblich den Handelskurs bestimmen. Sie werden wie nur noch mit Abschlag zum Spotmarkt Geschäfte eingehen wollen. Der Spotmarkt stellt dann eine Obergrenze dar, die bei Weitem nicht erreicht wird. Preisabschläge, im Verhältnis zum reinen Edelmetallwert, können für Standardware bis in den zweistelligen Prozentbereich gehen. Nahezu alles gehandelte Edelmetall wird der industriellen Verwertung zugeführt und es spielt weniger eine Rolle, ob es sich dabei um Barren, Münzen oder Granulat handelt. Bei den Abschlägen müssen die professionellen Handelspartner insbesondere die Kosten für die Logistik, Vorfinanzierungskosten für die i. d. R. mehrwöchigen Aufarbeitungszeiten und eine Handelsmarge einkalkulieren.

Die Abwicklung eines physischen Edelmetallgeschäftes dauert in dieser Phase bis zu drei Wochen bei einem Verkauf. Kauftransaktionen werden zeitnah dargestellt.

Beachten Sie daher beim Einstieg in die Welt der Edelmetalle, dass Sie handelsübliche Ware mit möglichst hoher Feinheit günstig erwerben und den für die Vermögensdiversifizierung erworbenen Teil wieder weiter geben, wenn alle Welt nach Edelmetallen ruft.

ABKÜRZUNGSVERZEICHNIS

AG	Aktiengesellschaft
Ag	Argentum/Silber
AT	Österreich
Au	Aurum/Gold
CH	Schweiz
Cu	Cuprum/Kupfer
D	Deutschland
ESG	Edelmetall Service Gesellschaft
ETC	exchange traded Comodity
EU	Europäische Union
g	Gramm
GM	Goldmark
GWG	Geldwäschegesetz
Kg	Kilogramm
kt	Karat
LBMA	London Bullion Market Associacion
LME	London Metal Exchange
Ltd.	Limited
Mk	Mark
mm	Millimeter
oz	Ounce/Unze
Pd	Palladium
POG	Price of Gold/Goldpreis
PP	Polierte Platte
ppm	parts per million

Pt	Platin
SA	Société anonyme/Aktiengesellschaft
ST	Stempelglanz
USA	United States of Amerika
vgl.	vergleiche

GEWICHTSVERZEICHNIS

Bezeichnung	Gewicht
Feinunze	31,103477g
Au Standardbarren	400 oz
Ag Standardbarren	ca. 1000 oz
Krügerrand	33,39g

LINKVERZEICHNIS

Informationsangebote

➤ www.goldseiten.de, führende deutsche Informationsseite zu Edelmetallen

➤ www.bullionweb.de, auf Anlagemünzen spezialisierte Informationsseite

➤ www.minenportal.de, auf Mineninformationen spezialisierte Internetplattform

➤ www.silber-unzen.de, umfangreiche Bildsammlung der einzelnen Jahrgangsmotive

Diskussionsangebote

➤ www.goldseiten-forum.com, das im Deutschen führende Diskussionsforum zu Edelmetallen

➤ www.dasgelbeforum.de.org, ein freiheitsliebendes Forum mit limitiertem Zutritt für Schreibende und strenger Moderation

Preisvergleiche

➤ www.bullionpage.de, die erste Seite dieser Art, die bis zum heutigen Tage ihre Unabhängigkeit behalten hat, nicht immer ganz aktuell, dafür mit nahezu allen Anbietern

➤ www.gold-preisvergleich.com, ein neueres Angebot mit unabhängigem Preisvergleich und integriertem Bewertungsmechanismus

➤ www.bullion-investor.com/price, ein eingeschränkter Preisvergleich von dafür zahlenden Inserenten

Händlerübersichten

➤ www.bullionhaendler.de, eine unabhängige Händlerliste, die sich durch Werbung finanziert

➤ www.silber-und-gold.com/silber-und-goldhandler-liste, Übersicht deutscher Händler mit direkter kartografischer Zuordnung

➤ www.edelmetallgesellschaft.de, selbstloser Verein als Sprachrohr der Edelmetallszene

➤ www.muenzenverband.de, Berufsverband des Deutschen Münzenfachhandels

Produzenten

Firma	Link	Produkte	Tätigkeit
The Royal Mint Limited	www.royalmint.com	Britannia, Sovereign	Münzproduktion
Royal Canadian Mint	www.mint.ca	Maple Leaf	Münzproduktion
Moneda de plata para México	www.plata.com.mx	Libertad (Siegesgöttin) in Silber und Gold	Münzproduktion
Shanghai Mint	www.mintcn.com	Panda	Münzproduktion

United States Mint	www.usmint. gov	American Eagle, American Buffalo	Münzproduktion
The Perth Mint	www.perthmint-bullion.com	Kookaburra, Koala, Känguru/ Nugget, Lunarserie	Münz- und Barren-produktion
MÜNZE Österreich AG	www.austrian-mint.at	Wiener Philhar-moniker in Silber und Gold	Münz- und Barren-produktion
Rand Refinery Ltd.	www.rand-refinery.com	Krügerrand sowie eine eigene Barrenserie	Münz- und Barren-produktion
Valcambi sa	www.valcambi. com	Valcambi Barren	Barren-produktion
PAMP SA	www.pamp.ch	PAMP Barren	Barren-produktion
W. C. Heraeus GmbH	www.heraeus-precious-metals.de	Heraeus Barren in Silber und Gold	Barren-produktion
Umicore AG & Co. KG	www.metals management. umicore.com/ de/	Umicore Barren in Gold, Silber, Platin und Palladium	Barren-produktion
AT Gold- u. Silber-Scheide-anstalt GmbH	www.oegussa. at	Ögussa Barren in Gold, Silber	Barren-produktion
ARGOR-HERAEUS SA	www.argor.com	Argor Barren, Kinebarren	Barren-produktion
Metalor Finance SA	www.metalor. com/de/	Auftragsbarren in Gold, Silber, Platin und Palladium	Barren-produktion

Händler

Firma	PLZ	Ort	Telefon	Link
pro aurum Vertrieb GmbH	01067	Dresden	03512104550	http://www.proaurum.de/dresden.html
pro aurum Berlin GmbH & Co. KG	10119	Berlin	03070011660	http://www.proaurum.de
Hamburger Sparkasse (Haspa)	20454	Hamburg	04035790	http://www.haspa.de
Sparkasse Bremen	28195	Bremen	06211790	http://www.spakasse-bremen.de
Goldshop der ReiseBank	60489	Frankfurt am Main	01805227239	http://www.reisebank-gold.de
pro aurum Vertrieb GmbH	61348	Bad Homburg	06172189690	http://www.proaurum.de
Landesbank Saar	66111	Saarbrücken	068138301	http://www.saarlb.de
Sparkasse Pforzheim Calw	75172	Pforzheim	07221990	http://www.sparkasse-pforzheim-calw.de
Stadtsparkasse München	80331	München	08921670	http://www.sskm.de
pro aurum OHG	81675	München	089444584160	http://www.proaurum.de
Bankhaus Hafner	86150	Augsburg	0821346500	http://www.hafnerbank.de
pro aurum GmbH	AT-1230	Wien-Mauer	00431888805100	http://www.proaurum.at
pro aurum Schweiz AG	CH-8802	Kilchberg/Zürich	0041447165600	http://www.proaurum.ch
pro aurum Schweiz AG	CH-6928	Manno/Lugano TI	041916109160	http://www.proaurum.ch/italiano

LITERATURVERZEICHNIS

Erwähnte Literatur

Turk, James 20.03.2008 http://www.goldseiten.de/content/diverses/artikel.php?storyid=6795

N-tv 31.08.2010 http://www.n-tv.de/wirtschaft/Texaner-will-Fort-Knox-oeffnen-article1386536.html

Times 28.03.2009 http://www.timesonline.co.uk/tol/news/world/us_and_americas/article5989271.ece

Die Welt 31.08.2010 http://www.welt.de/finanzen/article9312032/Haben-die-USA-ueberhaupt-noch-Gold-in-Fort-Knox.html

Empfohlene Literatur

Baader, Roland: *Geld, Gold und Gottspieler. Am Vorabend der nächsten Weltwirtschaftskrise,* Gräfelfing 2005

Bandulet, Bruno: *Das geheime Wissen der Goldanleger,* Rottenburg 2006

Bandulet, Bruno: *Die letzten Jahre des Euro: Ein Bericht über das Geld, das die Deutschen nicht wollten,* Rottenburg 2010

Bergold, Uwe: *Markt und Meinung: Mit Behavioral Finance und Technische Analyse zu den Gewinnern gehören*, München 2005

Deutsch, Reinhard: *Das Silberkomplott*, Rottenburg 2006

Gburek, Manfred: *Das Goldbuch: Warum der Goldpreis steigt und steigt – und wie Sie davon am meisten profitieren*, München 2004

Müller, Dirk: *Crashkurs: Weltwirtschaftskrise oder Jahrhundertchance? – Wie Sie das Beste aus Ihrem Geld machen*, München 2010

Schulte, Thorsten: *Silber das bessere Gold: Der kommende Silberboom und wie Sie von der Krise profitieren können*, Rottenburg 2010

Speck, Dimitri: *Die geheime Goldpolitik: Warum die Zentralbanken den Goldpreis steuern*, München 2010

Von Nauckhoff, Mikael Henrik: *Sicher mit Anlagemetallen*, München 2010

ABBILDUNGSVERZEICHNIS

Abbildungen, sofern nicht anders gekennzeichnet, sind großzügiger-
weise von pro aurum OHG bereitgestellt worden.

ÜBER DEN AUTOR

 Auf dem Gebiet der Edelmetalle ist David M. Reymann seit Jahren anerkannter Fachmann. Seine Passion für Gold und Silber reicht bis ins letzte Jahrtausend zurück.

Zwischenzeitlich federführend am Aufbau des heute größten Spezialforums im Internet für Edelmetalle, dem Forum der Goldseiten, tätig, begleitete Reymann seit 2005 aktiv die Internationale Edelmetall- und Rohstoffmesse München. Dort gründete er 2006 im Kreise einiger Pioniere die Interessenvertretung Deutsche Edelmetall-Gesellschaft e.V., deren Vorstandsvorsitzender er ist.

Im Jahr 2008 nahm Reymann mit dem Wechsel von Bochum nach München seine Tätigkeit als Vertriebsverantwortlicher bei Europas führendem, privatem Handelshaus für Edelmetalle, pro aurum, auf.

Sie erreichen ihn über info@proaurum.de

STICHWORTVERZEICHNIS

A

Abgeltungssteuer 21
Adressrisiko 17
American Buffalo 8, 47, 123
American Eagle 8, 39, 45f., 123
Anlagemünze 11, 36-48, 50f., 55, 57, 89, 107, 121
Argor-Heraeus 7, 36f., 123
Aufgeld 10, 39, 44, 51, 55, 69, 78, 113ff.
Ausgabezeitpunkt 50
Australien 8, 38f., 49
Avers 52f.

B

Bank 73f., 77f., 80, 82f., 85, 95, 99, 104, 111
Barren 7, 9, 11f., 18, 21, 23f., 28ff., 33-38, 56-61, 65, 67, 73, 88-92,
   107, 110, 114f., 123
Barrenmünzen 7f., 38f., 41, 43, 45, 47ff.
Bergkänguru 48
Bezugsart 9, 75, 79f., 82, 84
Bimetallstandard 51, 54, 57
Blackrock World Gold 19
Bombay (I) 56
Bremen 53, 124
Britannia 8, 39, 50, 122
British Royal Mint 50, 56
Bullion Coins 38
Bullion Vault 23
Bundesbank 14

Hebeleffekt 17
Heimerle + Meule 38
Heraeus 7, 36f., 123
Industriemetall 7, 27, 29ff.

K
Kaiser Wilhelm II 51, 53
Kanada 39f.
Känguru 8, 48f., 123
Kängurumünze 48f.
Kaufkraft 12, 15, 27f., 63, 68, 112
Kette 8, 24, 58f., 71, 81, 92
Kinebarren 33, 37, 123
Kookaburra 39, 123
Kopiert 9, 81, 83
Kronen 51, 54, 90
Krügerrand 7, 39, 42f., 45, 51, 88-91, 119, 123
Krugerrand 7, 39, 42f., 45, 51, 88-91, 119, 123
Kupfer 43, 46, 54, 88, 91, 117

L
Lady Liberty 45
Lagerbuchungssystem 22
Lagergemeinschaft 21f.
LBMA 35ff., 117
Leitfähigkeit 9, 26, 91
Liquidität 80, 16, 64f., 102
London Good Delivery 35
Lübeck 53
Lunar-Münze 49
Maple Leaf 7, 40f., 45f., 122
Mark des Deutsche Kaiserreiches, Mk 52
Markgraf von Baden 53
Marktgängigkeit 71

Materialeingangskontrolle 65
Materialgüte 61
Maple Leaf 7, 40f., 45f., 110, 122
Mehrwertsteuer 22, 28, 30f., 59, 70
Melbourne (M) 56
Mendrisio 36
Metallart 34, 46, 113
Mexiko 122
Minengesellschaft 20

N
Net Transaction Limited 22f.
Nichteisenmetall 29
Nickelmünze 47
Nominalgewinn 21
Nominalwert 37, 43, 53ff.
Notverkauf 64
N-tv 14, 125
Nugget 8, 48, 58, 123

O
OM Group 35
OMG AG & Co KG 35
Online 9, 14, 17, 79, 82, 85, 108, 110, 114, 125
Onza Plata Pura 44
Österreich 8, 29f., 40ff., 44, 46, 54f., 69f., 98, 117, 123
Oxidation 88

P
Palladium 7, 19, 22f., 25ff., 29ff., *33f.*, 41, 49ff., 64, 77f., 91, 93, 101, 111, 117, 123
Palladiumbarren 33f.
Panda 8, 39, 50, 122
Papiergeldsystem 11, 51